找尋屬於你的
「命運之書」

星座書籍占卜

星座與書的專家
星尾夜見
Yomi Hoshio

「命運之書」正在等著你。
那本書會與你的靈魂產生共鳴，
讓世界為之一變。

感到痛苦的時候、感到迷惘的時候、
感到開心的時候、找到自己人生道路的時候，
書都會在你身邊支持著你，
它具有這種能量。

來，透過「星座書籍占卜」
找出你的「命運之書」吧。

PROLOGUE

改變你命運的書是哪一本，星座告訴你

為什麼你的靈魂會與書產生共鳴

僅僅一次的邂逅，人生觀以及命運，就此改變——

「邂逅」能豐富人生，反之，也有可能造成毀滅。

邂逅不僅限於人，有時候也可以是「書」。

所謂的「命運之書」，就是會讓你的人生大幅改變的一本書。

而「星座書籍占卜」，就是幫助你提升運勢、找出命運之書的占卜。

命運之書會與你的靈魂產生共鳴。

接著，**你的命運齒輪會開始轉動，開始實踐刻在靈魂中的使命。**過上過去完全想像不到的好運人生。

為什麼書會具有能與靈魂產生共鳴的力量呢？

因為書本其實不是只有記載資訊，還蘊藏著「能量」。

而我們每個人一生下來就擁有各自不同的「靈魂能量」。

靈魂能量會與書本產生共鳴。

先針對靈魂能量進行說明吧。

我們出生時的「天體」，也就是**我們誕生時的行星位置排列決定了我們的靈魂傾向和能量**。此為靈魂能量，亦即寄宿於靈魂的行星能量。

這種概念就是「占星術」，也就是我們經常在雜誌和電視上看到的十二星座占卜。

無論相不相信，大部分的人應該都「知道自己的星座」吧。

或許有人認為這是迷信。然而實際上，占星術是一種自遠古時期就存在，並持續傳承至今的「學問」。

如同每個人一出生就擁有星座能量，每一本書裡也都寄宿著不同的能量。

包含受作者星座影響的能量、出版日，以及該書本身的能量。

因此，不用說讀書了，**光是把書拿在手中，書裡蘊含的能量和靈魂裡的行星能量就會產生共鳴，讓命運的齒輪開始轉動。**

在平常就有讀書習慣的人之中，應該有些人會隱隱約約感受到書中那股看不見的能量吧？比如——

「逛書店的時候翻開偶然看到的一本書，書上竟然寫著自己正在尋求的答案」

「偶然從朋友那裡拿到的一本書，成了大幅改變人生的契機」

至今為止，我一直是透過邂逅「命運」之書，來獲得行星能量與書籍能量的幫助。

如此一來，運勢就會提升，**事情的時機開始神奇地配合上，人生加速進展。**

採取被動態度只能隱隱約約感受到書的能量，這樣實在太可惜了。

抱著明確的意圖去吸收，這股能量將會變得更加強大。

「書本與你產生共鳴＝遇見命運之書」，將會成為你朝心之所向邁進的原動力。

正因為是星座與書的專家，才能告訴大家這些事

自我介紹晚了，我是星尾夜見。

我是占星術研究家，也是一名閱讀者，一年閱讀超過三千本書，至今為止已讀完二萬五千本書。

我活用占星術與讀書的特長，擔任商業顧問，客戶包括股票上市企業的董事、在地方上具有影響力的企業之經營者、暢銷作家或藝人等等。

我一開始接觸占星術，是因為祖母的影響。

我的祖母會在日常生活中自然而然地進行占卜。因此，從我四歲懂事以來，占星術和四柱推命就存在我的生活之中。

祖母不是占卜師，但她原本身體虛弱，在我出生的那陣子，她生了一場危及性命的大病。

除了現代醫療之外，祖母還去尋求看不見的力量幫助，比如去神社參拜或念經等等，試圖多少延長一些壽命。或許是得益於這些行動，**祖母在接收到餘命宣告後，還多活了三十年左右。**

受到祖母的影響，我從小就會在祖母的從旁協助之下看自己的運勢。到了國中左右，就會自己注意行星的位置排列了。

不久後，我一頭栽進星座與占卜的世界，做什麼事之前都要先用占星術占卜。我當時的口頭禪是「今天運勢很好」、「我和那個人不合」，依靠占星來決定自己的一切行動。因此，考大學的時候我也用占星術來決定自己要考的學校。

我的人生到目前為止都在占星術的幫助下過得一帆風順，但是曾幾何時，我忽視了自己的意志或努力，**過度依賴占星的力量，於是開始遭遇阻礙。**

要是盲目相信占星，占星就會背叛你。想當然爾，我大學考試沒考好，落得重考的下場。於是我開始重新思考自己該如何看待占星。

在這次經驗之後，我與占星術保持著某種程度的距離，把它當成類似天氣預報的東西。

就在與占星術保持距離的時期，我在不可思議的緣分之下邂逅了一本書。當時的我不擅長閱讀，平時並不會讀書。

但是看到那本商業英語學習書之後，發生了一件驚人的事。

我大受震撼，一口氣讀完了整本書。

從此，我的人生改變了。

我遇到了命運之書。

各位知道「書本裡寄宿著神明」嗎？

我進入東京都內的一間基督教大學就讀，一部分也是多虧了書。第一次閱讀《聖經》時，我遇到了形成現在自我基礎的一句話。

「在起初已有聖言，聖言與天主同在，聖言就是天主。聖言在起初就與天主同在。」

用最簡單的方式來說，就是語言等同於神明。

我是天蠍座，而最適合用來提升天蠍座力量的書，就是「記載本質之書」。這部分會在第二章詳細說明。

《聖經》是人類史上最古老且流傳最久的書。而且，讓我學會讀書的那本英語相關書籍，也是展現「本質」的一本書。

當時我並沒有特別想什麼就拿起了那本書，**但我現在知道，那就是我命中注定要遇見的命運之書。**

自從遇到命運之書後，我開始閱讀各式各樣的書籍，大學的成績名列前茅，也順利轉系，甚至還在大學時期成功創業。

或許聽起來有點極端，但《聖經》的那句話，讓我發現語言中蘊含的力量。然後我建立了一個假設，也許不光是「聖言就是天主」，而是**書本本身就像神明一樣，蘊含著能夠改變人生的能量，是一種唾手可得的能量點。**

已有讀書習慣的我，開始接著實踐速讀和廣泛閱讀等技巧，累積了龐大的閱讀量。過程中，**自然而然就開始能夠以所謂的「第六感」來感知書本的能量**。也就是憑直覺判斷「這本書和自己很合得來」、「這本書裡蘊藏著現在這個時代所需要的巨大能量」……等等。

我小的時候就對看不見的存在或能量相當敏感，去神社時，我會聽見「請到這裡」的聲音，也曾在四下無人的時候和自己的守護靈對話。

那塵封已久的第六感，或許是因為大量閱讀的關係而再次甦醒了。

有一次，我在出版社拿到一本未上市的書籍。

拿起那本書的時候，我感受到宛如被雷擊中的衝擊。而那本關於神社的書後來就掀起一陣風潮，成了暢銷書。

那陣子，我還曾經在**走進書店的瞬間，看到一本似乎在「發光」的書**，讀了之後發現那正是當下的我所需要的，不僅如此，後來我還得知它成了暢銷書，影響了許多人。

透過上述大量的經驗，**我確信了「書裡寄宿著神明」這件事。**

根據十二星座以及天體現象分門別類的讀書方法

一開始，我是將書籍能量研究與占星術分別看待的。

不過，開始承接商務顧問的工作之後，**我漸漸發現，基於占星術和讀書所給出的建議到頭來還是最有效果的。**

我的客戶企業依照我的建議去做，結果出現了「人事方面很順利，人際關係也變好了」、「銷售額從谷底往上攀升，翻了好幾倍」、「年營業額破億」等各式各樣的奇蹟。

接下來，我進一步深入研究，**發現由出生日的星體位置所導出的十二星座能量，可以幫助我們找出符合各星座特性的書。**

舉個例子。

我向一名三十幾歲的牡羊座管理階層男性，介紹了企業管理思想家艾美・艾德蒙森

（Amy C. Edmondson）的著作**《チームが機能するとはどういうことか（組隊合作：組織如何在知識經濟中學習、創新與競爭，暫譯）》**。這本書在第二章牡羊座的部分還會詳細介紹，如果你想養成在團體中生存的力量，建議閱讀這本書。據說以這本書為契機，業務團隊內部的合作變得更緊密，客戶數量大幅增加，案件的範圍變得更廣了。

另外，還有一名從事醫療相關工作的三十幾歲摩羯座女性。她因為總是沒辦法談一場能夠做自己的戀愛而苦惱不已。摩羯座的特色是擅長一步一腳印地建立習慣。於是我將同為摩羯座的作家約翰・葛瑞（John Gray）所寫的**《男人來自火星，女人來自金星：男女大不同》**（生命潛能）介紹給她。

後來我收到對方的喜訊，她說因為這本書的關係，她的戀愛觀改變了，遇見理想的另一半並結了婚，前陣子還生了小孩。

就像這樣，我發現不光是根據十二星座推薦的書籍，也可以依照狀況，**汲取並非自己星座的十二星座書籍能量。**

舉例來說，牡羊座是十二星座的初始之星。

起步的能量很強，具備適合展開全新活動的能量。

想嘗試任何新事物的人，**閱讀具有牡羊座能量的書，有時候當下的想法會與書的能量產生共鳴，並連結到行動上。**

此外，還有配合當下的行星位置排列、新月、滿月、水星逆行等**會影響我們運勢的天體現象的讀書法。**這部分會在第四章詳細解說。

「星座書籍占卜」為你帶來與書籍的美好邂逅

說到這裡，各位應該已經知道「星座書籍占卜」可以幫助我們根據星座和天體現象找出命運之書以及讀書了吧？

但其實不只如此。

話說回來，占卜分成三大類。

「命占」、「卜占」、「相占」。

「命占」是**以生日這類固定資訊作為基礎的占卜**。

「卜占」是利用卡牌等工具，**藉由偶然的要素來占卜吉凶或不久後的將來**。

「相占」是**透過觀察人事物的「形狀」來占卜一個人的狀態或未來**。

如同前述，「星座書籍占卜」含有**透過生日，意即十二星座來引導的**「命占」要素。

也具備由**隨機翻開書頁，選擇詞語或段落**的「翻書占卜」發展而來的「卜占」要素。

此外，也包含**從挑中的書籍封面獲得訊息、藉由隨身攜帶該書籍來獲得力量**的「相占」要素。

融合這三項要素並確立作法的，就是本書要傳授給大家的「星座書籍占卜」。

這樣解釋或許會讓人感覺有些複雜，但還請大家放鬆心情閱讀。

希望你可以與新的書籍來一場美妙的邂逅。

希望你可以從現有的書籍中獲得新發現。

最後，希望你可以藉由星座和書籍的能量，讓人生變得更加美好。

那麼，就讓我們繼續往下聊吧。

星尾　夜見

星座
書籍占卜

CONTENTS

第2章

找出十二星座「命運之書」的方法

第3章

命運之書的「尋找方法」／轉動命運齒輪的「閱讀方法」

第4章 新月、滿月以及水星、金星逆行的讀書術

第5章 行星告訴我們的未來閱讀法

（※本書內所介紹之書籍圖片為日版的原書封面，有跟中文譯本不同的可能。）

書籍設計：土屋和泉（Studio Wazen）
部分圖片出處：LittleDream
（http://a-littledream.com）
DTP：Asahi Media International

第 I 章

寄宿在書本裡的能量之謎

為什麼讀書會撼動靈魂？

看見書封的那一瞬間，莫名受到吸引。

翻開書的時候，感到興奮不已。

愈往下讀，愈深陷其中。感覺「啊，寫的就是我」、「太棒了」、「這就是我一直想要做的」。讀完之後的興奮感。**無法回到讀這本書之前的狀態，有一種什麼東西開始轉動的不可思議感覺。**

你有過這種**因為讀了某本書而撼動靈魂……然後人生為之一變**的經驗嗎？當然，還沒有的話也沒關係。

那樣的「命運之書」正在等待著你。

為什麼書能夠撼動靈魂呢？

是因為被書裡的內容或資訊所感動嗎？

觸動了你並且改變了你人生的書，未必能觸動其他人。

其中原因不僅僅在於讀者的感受性。

還取決於有沒有與那本書產生共鳴。只要一個人能與書籍能量確實產生共鳴，就能獲得足以推動人生的力量。

如同我在Prologue說的，這是因為「書本裡寄宿著神明」。

雖說如此，大家聽到「書本裡寄宿著神明」這句話應該會有點「退縮」吧。接下來就用比較科學的方式來說明吧。

先來說明「共鳴」這件事。

字典對於共鳴一詞的解釋如下：

「振動體因受到與本身振動頻率相同的外部振動影響，產生振幅增強的現象。如將

兩個頻率相同的音叉放在一起，並使其中一個發出聲音，另外一個音叉也會跟著發出聲音。」（引用自《數位版大辭泉》小學館）

舉例來說，你是否曾經與某個人初次見面，就莫名覺得可以和對方變成好朋友？在還不大了解對方的狀態下，就莫名覺得「我們好像很合得來」，這種經驗大家應該有過吧。

據說**這是因為彼此的心跳頻率合拍、心臟發送出去的頻率（共振頻率）近乎相同、處在和諧的狀態。**換句話說，就是撲通、撲通的心跳聲讓彼此感覺很舒適。

我們可以從專門探究「情緒」與「心臟」的關係，以及「心臟具有智能」的美國研究組織「心能商數學會（HeartMath Institute）」的研究中得知這一點。

每個人心臟撲通、撲通跳的頻率都不一樣。當心臟跳動，血液輸送出去的瞬間，內臟也會活動，因此會同時發出內臟活動的聲音。

不過，那個聲音被我們的大腦屏蔽，所以我們的耳朵是聽不到的。但是確實會發出聲音，**振動頻率便是由此產生，它確實存在。**

感覺「我們很合得來」、「待在一起很快樂」這種心跳頻率合拍的狀態就稱為「和諧狀態（coherence）」。

換句話說，就是產生了共鳴。

作者的能量會寄宿在書本之中

這個舒暢的和諧狀態不僅會發生在「人與人」之間。

「場所」與「人」的頻率也會產生共鳴。

持有的「物品」與「人」的頻率也會產生共鳴。

舉例來說，各位是否有過前往安靜的圖書館時，受到現場氛圍的影響，自己也能專心讀書的經驗？應該也曾經在參加演唱會時，因為現場氣氛熱絡，感覺自己和現場融為一體、體驗到團結一致的感覺吧。

此外，大家應該也有過光是穿上喜歡的衣服或背著喜歡的包包，心情就雀躍起來的經驗吧？

這都是和諧狀態的一種。

人與人產生共鳴、人與物產生共鳴、從人或場所獲得某種能量，很多人都有過這種體驗吧。

不曉得是不是知道這個原理，**有些作家也很重視寫作的地點。**

例如世界暢銷漫畫**《灌籃高手》**、**《浪人劍客》**的作者井上雄彥。據說當他構思草圖遇到困難、畫不出來或無法保持專注的時候，就會換個地方繼續作業。

因此，他有好幾個畫草稿的地點，畫不出來就一次又一次地換地方，想辦法完成草稿。

換個地點就能夠繼續畫下去。這應該是**因為作家會受到地點的能量影響吧**。

也就是說，**置身於新的空間，就能創造出作家與地點的和諧狀態**。

作家自身帶有的（星宿）能量，加上作家在該地點感受到的頻率，兩者共同激發作者的靈感，從而創作出文章、創作出繪畫、創作出音樂。

創作者吸收與自己產生共鳴的能量，就能完成作品。

補充說明，創作者不僅僅是指作家，也包括編輯、設計師、書籍架構負責人、校對人員、印刷廠負責人等等。灌注了這些創作者的想法和靈感的每一個作品，都是能量的結晶。

也就是說，你手上拿著的書，充滿了以各種要素構成的能量。看不見的能量，以書籍的形式落實了。

先前已經說過，「物」與「人」之間也會產生共鳴。

光是拿起由看不見的能量落實而成的書籍，我們就會在不知不覺間吸收這股能量。

摸到書的那一刻、翻開書的那一刻、閱讀內容的過程中……會湧現興奮或心動的感情，此時，能量就送進你的體內了。

為什麼可以把書籍當作「護身符」？

書籍中具有許多的能量。當我們拿起書的瞬間，靈魂就會受到某種影響。

之後會告訴各位如何將書籍能量的作用發揮到最大，不過，無須把整本書從頭到尾讀完，也無須在讀完之後進行輸出。只要把想讀的書**拿在手上，就能接收到能量。**

就算還沒有讀，我認為光是把書帶在身上，書也會守護你。**換句話說，書本具有類似護身符或能量石的效果。**

平均來說，單行本一本約三百到四百五十公克，文庫本約兩百公克，新書約一百五十公克，比護身符沉重不少，較難隨身攜帶。不過，書本雖重，卻能夠給予我們相應分量的守護效果。

在我的客戶之中，有一名公司高層人員把通勤和跑業務用的車子弄得像書櫃一樣。該名高層人員連續兩年在開車的時候遭遇交通事故。

不過他說，儘管遭遇了意外事故，**但都沒有釀成大禍，這都是多虧了滿車的書籍守護著自己。**

這只是其中一例。就算現實生活沒有出現肉眼可見的明顯變化，也經常發生想聯絡的人剛好傳訊息給自己，或在路上偶遇對方之類的事情。

只要隨身帶著書或稍微讀一下書，運勢就會提升，事情的時機也會更容易對上。

在書本的影響下，你的心跳會變穩定。**身邊的人感受到你心跳，也會隨之展露笑容。**你自己或許沒有注意到，但這些事情有可能正在發生。

當然，比起買很多書放著不看，透過實際閱讀所獲得的能量會多非常多。能夠得到有助於解決現有問題的線索，或是讀到能幫助我們積極看待人生的話語。

如果能像這樣從書中得到正面能量，就非常有可能發生意想不到、宛如魔法般的事情。

然而，無論是什麼能量，都會對我們造成影響。

尤其是現在有很多令人不安的新聞，我們很容易在不知不覺間接觸到許多負面資訊。

受到這些資訊的影響，我們的心靈和身體可能會在無意識的情況下受到傷害。

正因如此，才要各位挑選能夠對自己帶來正面影響的書籍。

「御神籤讀書法」助你獲得實現願望的訊息

書本具有的能量有百百種，人具有的能量也有百百種。

因此，我們也有可能遇到有點不符合現在自身狀態、在某種意義上來說「超過自身程度的書」。這種時候，我們通常會因為內容艱澀、讀不懂而猶豫，覺得這本書與自身程度不符，最後放棄購買。

不過就我個人而言，愈艱澀難懂的書，我就愈想讀。我曾抱著「**剛開始看不懂也沒關係**」的想法買下它。因為這本書所具備的能量高於自己現有的能量，把這樣的書放在身邊，**有助於提高自己的能量。**

接下來，就來向各位介紹，我會如何從書店帶回這種「超過自身程度的書」。

利用「御神籤讀書法」帶書籍回家

1. 首先，要帶著「願望（要問的事情）」走進書店（例：「想增加收入」、「想瘦身」、「想提升技能」、「想交到好的另一半」等等）。
2. 走進書店，稍微逛一下。到處找找看有沒有引起自己興趣的區域、書籍封面或書名。
3. 把每一本感興趣的書都拿起來看看。
4. 拿起書後，稍微調整一下呼吸（重複進行「慢慢吐氣和吸氣」二至四遍）。
5. 快速翻過整本書的書頁後，心裡想著一個願望，再隨機翻開一頁。閱讀映入眼簾的部分。重複這個步驟最多六次。
6. 如果得到了關於願望的訊息或意想不到的答案，就馬上決定帶它回家。去櫃台結帳！

對我而言，這種讀書方式就像一種御神籤。

抽御神籤屬於先前在Prologue提過的**「卜占」**。「卜占」是利用偶然的要素進行占卜，認為一切現象都是必然的概念。

抽御神籤的時候，比起大吉、吉、凶這些運勢，上面寫的籤詩更加重要。御神籤本來就是用來傳達神的旨意的，也就是用來傳達神明給自己的訊息的東西。

讓這個想法轉變為確信的契機，是我與岡野玲子的漫畫作品《陰陽師》系列的相遇。

在**《陰陽師》（11 白虎）**的書末，岡野提到關於御神籤的事情。據說她為了畫安倍晴明的月之三部曲而前往諏訪大社本宮參拜，參拜完後，她想弄清楚諏訪呼喚她前來的神意為何，因此去抽了御神籤。

後來，為了讓我們確認御神籤上的籤詩與其意義，她把**現實變動的樣子**畫了出來。

對我來說，這個快速翻閱書頁後隨機打開一頁的「御神籤讀書法」，**就像是透過書**

本接收神給予的訊息的神聖儀式。

就像岡野老師的御神籤小故事一樣，我們一直在親眼見證著現實的變動。這不過是偶然的一致。即便如此，**我還是建議各位利用這種讀書方式來整理每天變化無常的心情，或是取得解決小問題的提示。**

採用這種讀書方式時，**要把重點放在自己身上**，而非理解書籍內容或作者的想法，**因此內容的理解程度高低不會造成影響。**

重點在於，針對你自己的願望和要問的事情，這本書告訴了你什麼樣的訊息。

將艱澀難懂的書放在書櫃熟成，可以提升自我

用這種方式帶回家的「超過自身程度的書」，不用馬上勉強自己閱讀。

光是擺在身邊，**人就會受到它的影響**。之所以會覺得它是「超過自身程度的書」，是因為從它那裡感受到高於自己的波動，因此我們自然而然會受到它的正面影響。

此外，即便是自己現在還看不懂、覺得讀起來很艱澀的書，**只要把它放在自己的書櫃，書櫃本身的能量就會提升**。

如果用足球隊來比喻自己家裡的書櫃，內容過於艱澀因此目前看不懂的書＝強大的選手。招募強大的選手入隊，就能提升隊伍整體的實力，大概就是這種感覺。

當然，有的時候光招募頂級選手反而會不順利。

不過，想要提升自家書櫃的等級，招募頂級選手加入隊伍是個非常有效的方法。

雖然買的時候覺得內容過於艱澀、看不太懂，但是把它放在書櫃熟成幾年後，偶然翻開來看，有時候會發現自己突然看懂了。

理解艱澀的書，就像是品嘗了味道複雜的紅酒後難以用言語表達的感覺。要理解一支紅酒，需要擁有品嘗過各式各樣紅酒的經驗，同理，**在讀懂艱澀的書之前，我們也必須遇過、體驗過各式各樣的書籍。**

此外，書和紅酒一樣，有適合閱讀的時期，需要等候其熟成。兩者之間不同的是，**紅酒的品嘗時期取決於紅酒本身，而書則是取決於「讀書的人」。**

把現在覺得困難艱澀的書籍放在書櫃裡熟成，你就會逐漸成長為可以完全讀懂那本書的自己。

在這個時代，人們認為任何事物都要容易理解、能夠迅速消化吸收，而且大家也偏好這樣的事物。

但我認為，艱澀難懂、現在還無法理解的書也是相當重要的。

會大幅左右作品能量的作家星座命盤

在占星術中，出生當天的行星位置排列，也就是**星座命盤，上面描繪著我們的靈魂設計圖。**我們終其一生都會受到出生那一刻的星體能量影響。

在占卜的分類中，這屬於命占。

我們平常聽到的「占星」，就是指十二星座占卜。它代表我們出生時太陽位在哪個星座的位置，稱為「太陽星座」。

十二星座各自具有固定的特性，所以看星座就能得知一個人擅長的事、行動模式和價值觀等等。

雖然本書不會提及，但嚴格來說，包含太陽星座在內，有十個天體會對我們造成影響。與太陽星座一樣，出生時的月亮星座、水星星座、金星星座、火星星座、木星星座、土星星座、天王星星座、海王星星座、冥王星星座都會帶來影響。

不過如果要詳細研究這些，會花上很多時間，因此本書只會簡要解說「太陽星座」。

書籍的主要創作者——作家的行星能量會寄宿在書中。

只要觀察星座，就能看見作家本身具有的能量。

那個人是在什麼星座之下出生的？

又具有什麼樣的性質？帶有什麼樣的天命？弄清楚這些，**就能稍微窺見灌注在書本裡的能量。**

將每個星座的特性簡單進行統整後，結果如下表。

舉例來說，雙子座具有語言、理智等特徵。

「心智圖」和「影像閱讀法」是許多商務人士和研究學者都在使用的思考工具。

十二星座的特徵與代表關鍵字

太陽星座	特徵	代表關鍵字
牡羊座	具有行動力、先驅者	開始、起始、運動、靈光一閃
金牛座	一步一步踏實地前進、現實主義	自我步調、豐饒、堅定、踏實、充分享受
雙子座	理智、兩面性	語言、理智、輕鬆、才能、應用、好奇心
巨蟹座	情緒化、奉獻自我	母性、保護慾、連結、地盤
獅子座	高貴的王者、無法撼動的力量	領導、孤傲、達成、使命感
處女座	觀察力很強、浪漫主義	秩序、分析、觀察、支援、團隊合作
天秤座	平衡感和美感很強	平衡、理智、時尚、外交
天蠍座	心思敏銳、能夠瞬間看穿事實、專業	祕密、神秘感、靈性
射手座	好奇心旺盛、追求刺激	移動、外國、決斷
摩羯座	一步一腳印地建立成就、誠實	自制、可靠、憨直
水瓶座	創造力很強、擁有獨特的世界觀	未來、個性、尖端
雙魚座	自我犧牲、奉獻	靈感、永續、深層

「心智圖」的開發者托尼・博贊，以及「圖像閱讀法」的開發者保羅・R・席利都是雙子座。而將這兩種思考工具推廣到日本的神田昌典也是雙子座。

這部分會在第二章的雙子座篇章詳細說明，這裡先稍微提一下，我很推薦雙子座的人閱讀上述幾位相同星座作家的書，也很推薦運用這兩種方法來讀書。

第二章會列舉十二星座各自具備什麼樣的特性。

請翻到你所屬星座的頁面參考看看。

那裡會介紹能夠提升你天生具備的行星能量的書籍，以及和你具有類似能量的相同星座作家之著作。

接觸與你天生具備的能量相似的能量，就代表你進入了容易達到和諧的狀態。閱讀那些書籍，**使能量產生共鳴，就是讓靈魂綻放光彩的捷徑。**

透過書籍汲取其他星座的能量，成為「理想中的自己」

當你想要著手進行什麼事、想要有所變化的時候，可以運用**從星座本身具備的能量中得到力量的讀書術**。

這與自己屬於什麼星座無關。接觸某個星座的能量，就能產生共鳴，獲得力量。

舉例來說，假設你在工作上擔任統率團隊的人物。如果你想知道作為一個領導者該如何表現、想了解擔任領導者的條件和性格特質，**就要挑選具有領導及行動的能量、能夠推動獅子座命運的書籍**。

另一方面，如果你在考慮開啟一項新的事業、考慮辭職換工作，**就挑選蘊藏著「開**

拓」、「靈光一閃」這類能量的**牡羊座書籍**。

還有，「想要交男／女朋友，因此想提升自己的時尚品味」的話，不妨從**平衡感良好、美感佳且對流行時尚非常敏感的天秤座**的書中尋找提示。

也有這種以當下需要的主題為基準來選書的讀書法。

以自己所屬的星座，或是**現在需要的能量為基準來選書，就能遇到更容易產生共鳴、為你帶來正面影響的書**。

書店就是近在身邊的能量點

到目前為止，本章已經說明了能量是以什麼樣的機制寄宿於書中。

或許你也注意到了。

「既然書籍具有這種能量，那擺著大量書籍的書店和圖書館不就充滿著大量的能量嗎？」

是的，沒錯。其實**我認為「書店」是不遜於任何神社、佛寺的能量點**。

巡禮神社、佛寺等能量點的印象，已經深植於日本社會。

如果能量點的定義是**「待在那裡就會充滿能量、運勢提升、得到療癒的地點」**，那麼這些條件書店全都符合。

去了就能得到能量的地方，沒道理不去吧。

以我感覺到的能量值高低來看，**在書店「觸摸新上市書籍」、「購買讓你有所感應的書」能夠獲得最多力量**。

因此我很推薦大家在書店買書。當然，其他有書的地方、圖書館、二手書店……也都很不錯，之後會在第三章詳細介紹。

更進一步地說，即便是同一款書，每一本所擁有的能量也都不盡相同。當新出版的書放在陳列架上，或許有人會刻意跳過最前面那一本，選購放在後面的第二、第三本。

最近我試著觸碰「一直在等待」的最前排的書，產生了很好的感覺，所以現在都不會挑三揀四，直接購買放在最前面的那一本。

書店對我來說，是會發生肉眼可見的具體變化、很容易立即出現效果的能量點。

順帶一提，關於**書店或圖書館的哪個書櫃、哪個區域是你的星座能量點**，會在接下來第二章的「從書店或圖書館的區域尋找○○座的『能量點』」進行介紹。

還請各位搭配參考，到最強能量點「書店」逛一逛吧。

第 2 章

找出十二星座
「命運之書」的方法

轉動牡羊座命運齒輪的是「起始」之書

3／21～4／19出生　元素：火
牡羊座的本質：起始、競爭、存在
守護星：掌管鬥競爭心的火星

牡羊座是十二星座中的起始星座。具有朝著未來有效運用、燃燒自己生命的傾向。牡羊座做事很情緒化，因此經常衝動行事。

不過，這些行動同時也是**沒有人做過事或革命性**、**前衛的行動**，所以周遭的人會忍不住為你聲援。

打頭陣、衝得比誰都快，「第一」就是牡羊座的特色。當然，因為衝在最前面，所以有時候會遭遇阻礙與挫折。

牡羊座會在挫折之中踏實地面對挑戰、跨越難關，真的很帥氣。**他們會藉由這些挫折與痛苦的經驗，培養出「彰顯自身存在感」的力量。**透過行動來追尋自我，牡羊座的運勢就會逐漸打開。

提升牡羊座運勢的書

要提高牡羊座的能量與運勢，建議挑選**讀完會渾身充滿幹勁、行動力增強的書**。

推薦類別為「運動」或「組織」。

此外，推薦的**封面顏色是紅色**。書名、目錄或內文中，若含有「行動」、「團隊」、「競爭」、「前進」、「積極」、「自己想做的事」、「肌肉」、「生命力」這類詞語，能提升牡羊座的能量。

運動類型的推薦書籍為**《夢をつかむイチロー262のメッセージ（抓住夢想 鈴木一朗的262則金句，暫譯）》**。「訂下目標，好好進行準備與訓練，在正式上場時付諸實行，

即便處於劣勢也要拿出成果。」我們可以從這本書中學習到獨具一格的道理。光是閱讀，幹勁就會源源不絕地湧上心頭。

也很推薦卡麥蓉・狄亞的**《The Body Book》**。從營養與PFC（蛋白質、脂肪、碳水化合物）的平衡，到運動、提升肌力的重要性，書中寫了許多幫助我們在漫長人生中保持健康與自我的祕訣。

牡羊座若是想培養在團體中生存的力量，最適合讀哈佛大學商學院教授艾美・艾德蒙森的著作**《組隊合作》**。在組織中行動、學習所需的知識都寫在這本書裡。

☆從牡羊座作家中找出命運之書

牡羊座漫畫家鳥山明的作品**《七龍珠》**能給予我們活下去的力量，我非常推薦。

同樣由牡羊座漫畫家創作的作品，還有安野夢洋子的**《工作狂人》**、大友克洋的**《阿基拉》**、板垣惠介的**《刃牙》系列**，感覺上戰鬥漫畫較多。

而神話學家喬瑟夫・坎伯的著作《千面英雄》，能補充牡羊座特有的「起始」之

牡羊座　命運之書

《抓住夢想 鈴木一朗的262則金句（暫譯）》
／「抓住夢想 鈴木一朗的262則金句」
編輯委員會（Pia）
©『夢をつかむイチロー262のメッセージ』
編集委員會

《The Body Book》
／卡麥蓉・狄亞（晨星）

《工作狂人》／安野夢洋子（台灣東販）
©Moyoco Anno／Cork

力。此書是《星際大戰》電影誕生的契機，甚至還為好萊塢式電影劇本的奠定了雛形。

在商業類書籍中，我則推薦克里斯・吉勒波（Chris Guillebeau）的**《1万円起業（一萬元創業，暫譯）》**。這是一本輕鬆的創業書籍，講述把身邊人們拜託自己做的事情變成一樁生意、較容易起步的創業方式。

牡羊座的作家、名人

*省略敬稱／括號內為生日

江國香織、佐藤健（3・21）／草間彌生（3・22）／黑澤明、中島京子（3・23）／綾瀨遙（3・24）／柳樂優彌、安野夢洋子、喬瑟夫・坎伯（3・26）／田邊聖子（3・27）／女神卡卡、石田衣良（3・28）／鈴木亮平（3・29）／文森・梵谷、法蘭西斯科・哥雅（3・30）／伊旺・麥奎格、艾美・艾德蒙森（3・31）／林真理子（4・1）／大泉洋（4・3）／板垣惠介、克里斯・吉勒波（4・4）／鳥山明、野村萬齋（4・5）／宮澤理惠（4・6）／桃井薰（4・8）／馬克・雅各布斯（4・9）／井上尚彌、水島新司（4・10）／椙山浩一、井深大（4・11）／宮尾登美子（4・13）／山里亮太、大友克洋（4・14）／李奧納多・達文西、艾瑪・華森（4・15）／查理・卓別林、池田衣來沙（4・16）／小林賢太郎（4・17）

提升牡羊座能量的「力量閱讀法」

「提不起勁」、「經常感到煩躁」、「沒辦法踏出第一步」——如果你有這些感覺，就表示你處在缺乏牡羊座能量的狀態。

提升牡羊座能量的「力量閱讀法」，就是加入動作。

在讀書之前伸伸懶腰、伸展手臂，試著活動一下身體。接著慢慢吐氣、慢慢吸氣，調整好呼吸再開始閱讀。另外，讀書時加入身體的活動，比如**邊走邊讀、邊出聲邊讀或是將內容謄寫下來**等等，更能提高牡羊座能量。

從書店或圖書館的區域尋找牡羊座的「能量點」

能量點在「運動」和「組織」區域。在此區域不僅有機會遇到命運之書，還能補充運氣和牡羊座能量。

轉動金牛座命運齒輪的是「金錢與美食導覽」之書

4／20～5／20出生　元素：土
金牛座的本質：生活、美術、擁有
守護星：掌管喜悅的金星

金牛座的人擅長腳踏實地、**一步一腳印地讓心中想法化為具體**。

對於感興趣的事情會踏實做到底、頭腦靈活的人很多，這些都是金牛座的特徵。因為金牛座總是一步一腳印踏實地前進，所以旁人可能會覺得他們動緩慢、悠悠哉哉、我行我素。然而，金牛座卻有著「我做得到！」的奇妙自尊心，不行動的時候怎麼樣就是不行動。

無論是衣食住還是金錢方面，他們似乎都認為穩定是最好的。

另一方面，他們也是徹底的現實主義者，喜歡對自己有利的事物、有價值的事物以及有美感的事物。相反地，一旦他們判斷一件事沒有益處，就會一腳踢開，看都不看一眼，展現出冷酷無情的一面。

金牛座想要開運，就要利用「五感」。吃東西也好，欣賞藝術也好，觸碰金錢也好，透過實際的感受來開啟運勢。

提升金牛座運勢的書

想提升金牛座的能量與運勢，建議挑選**內容踏實、看似入門但其實頗有深度的書籍。讀了之後心靈、生活和金錢都會安定下來的書籍。**

雖說如此，能夠使人察覺「飲食」的珍貴以及日常生活之美的「貪婪之書」我也很推薦。

推薦類別為「飲食文化」與「投資理財」。

此外，推薦的**封面顏色是綠色、咖啡色等大地色**。書名、目錄或內文中，若含有

「一步一腳印」、「富足」、「吃」、「自然」、「放鬆」、「生活」、「慢」這類詞語，能提升金牛座的能量。

非常推薦經典的美食導覽雜誌**《米其林指南東京》**、**《東京calendar》**和**《dancyu》**。其中**《戈和米約》**尤其適合美食巡禮。拿著雜誌或導覽書挑選店家，並實際前往品嘗美食，可以補充金牛座能量。

理財方面的書籍，則建議從**《小狗錢錢》**入門，接著再讀股神華倫・巴菲特的老師——班傑明・葛拉漢的著作**《智慧型股票投資人》**，循序漸進提升程度。

✳從金牛座作家中找出命運之書

金牛座漫畫家荒川弘的**《銀之匙》**，是誕生於酪農之家的作者基於自己的實際經驗描繪而成的作品，因此最適合用來補充金牛座能量。

提到飲食與五感，森下典子的**《日日好日》**描寫了一個人因為意想不到的契機而開始學習茶道，並逐漸深陷其中的樣子，從飲食作為切入點，表現出金牛座的特徵。

金牛座　命運之書

《戈和米約2023》
／Gault&Millau Japan編輯部（幻冬社）

《小狗錢錢》
／博多・薛弗（遠流）

《本命，燃燒》
／宇佐見鈴（悅知文化）

此外，宇佐見鈴的**《本命，燃燒》**也透過震撼的情景描寫和感官表現，來描寫粉絲的日常生活。

在自我成長、「踏實」進步方面，則推薦小林祥晃的風水相關書籍，以及喜多川泰的**《歡迎搭乘轉運計程車》**等凸顯出金牛座作家特色的書。

金牛座的作家、名人

＊省略敬稱／括號內為生日

星野桂、南場智子、HIKAKIN（4・21）／傑克・尼克遜、三宅一生（4・22）／尚－保羅・高緹耶、桂由美（4・24）／艾爾・帕西諾（4・25）／艾立克・施密特、樫義博（4・27）／潔西卡・艾芭、潘妮洛普・克魯茲（4・28）／庭野真琴人（5・1）／秋元康（5・2）／真島浩、森下典子（5・3）／奧黛麗・赫本（5・4）／愛黛兒、小林祥晃（5・5）／喬治・克隆尼（5・6）／彼得・柴可夫斯基、西加奈子（5・7）／荒川弘、櫻桃子（5・8）／艾瑞克・伯恩、喜多川泰（5・10）／薩爾瓦多・達利（5・11）／奧田民生、萩尾望都（5・12）／太田光（5・13）／馬克・祖克柏（5・14）／瀨戶內寂聽、藤原龍也、美輪明宏（5・15）／藤田晉、宇佐見鈴（5・16）／神木隆之介（5・19）

＊提升金牛座能量的「力量閱讀法」

「不夠從容，無法好好享受每一天」、「對未來感到不安，無法向前邁進」——如果你有這些感覺，就表示你處在缺乏金牛座能量的狀態。

提升金牛座能量的「力量閱讀法」，就是慢速閱讀。

花時間慢慢閱讀，仔細咀嚼內容，可以補充金牛座能量。用自己的節奏，一字一句仔細品味、閱讀。

比起默讀，念出聲音來更能刺激感官，觸動人心。

也很推薦配合自己的成長步調，循序漸進提升程度的閱讀方式。有入門、基礎、應用篇這種階段性的書籍，或是能依照三級、二級、一級這樣逐步提升等級的書籍，都能提升金牛座能量。

從書店或圖書館的區域尋找金牛座的「能量點」

能量點在「飲食文化」和「理財投資」區域。在此區域不僅有機會遇到命運之書，還能補充運氣和金牛座能量。

轉動雙子座命運齒輪的是「行銷與溝通」之書

5／21～6／21出生　元素：風
雙子座的本質：溝通、理智與思考、傳達
守護星：掌管溝通的水星

有很多雙子座從小頭腦就靈光，被叫「神童」或「天才」。

善與惡、白與黑……雙子座擁有這種完全相反的兩面性。因為他們和其他星座不同，擁有兩種思考方式，所以能夠從多元的角度看事情。

此外，雙子座自由自在、不會把自己限制在特定的位置，會隨時轉移陣地到新事物上。對於「價值」相當敏感，總是在**追求能感覺到「價值」基準的事物和新的變化**。

周遭的人也許經常覺得他們難以捉摸、不知道他們心裡在想什麼。雖然雙子座本人自己覺得合乎邏輯，不過看在他人眼裡，就像是想法一直變來變去。

再加上，雙子座掌管「資訊」和「溝通」，所以**當能量充足的時候，他們能在最適當的時機，從適當的方向接收到必要的資訊。**

提升雙子座運勢的書

想提升雙子座的能量與運勢，建議挑選**提供多元觀點、能滿足讀者求知慾的書籍。**兩面性也是提升運勢的線索。

推薦類別為「行銷」與「溝通」。

此外，推薦的**封面顏色是檸檬黃色**、**橘色**、**橄欖綠色**。書名、目錄或內文中，若含有「理智」、「話語」、「人際關係」、「影響」、「讀書」、「兩面性」、「有效率」、「網路」、「益智遊戲」這類詞語，能提升雙子座的能量。

行銷相關書籍方面，我推薦傳奇文案寫手——羅伯特・柯里爾（Robert Collier）的著作**《伝説のコピーライティング実践バイブル（羅伯特柯里爾信書，暫譯）》**。內容談

到傳單、行銷文案、標題、內文的寫法，傳授讀者打動人心的本質概念。

而在溝通方面，則推薦一九三七年出版、至今仍有許多人在閱讀的戴爾・卡內基（Dale Carnegie）**《人性的弱點》**。這是一本傳授讀者如何討人喜歡、如何將敵人變成夥伴的人際溝通聖經。

從雙子座作家中找出命運之書

雙子座作家神田昌典在商業書業界掀起革命，甚至出現了「Before神田，After神田」的說法。推薦**《あなたの会社が90日で儲かる（讓你的公司用九十天就賺到錢，暫譯》**、將創業故事濃縮在一本書中的**《成功者の告白（成功者的告白，暫譯）》**，以及文案寫作的集大成之作**《売れるコピーライティング単語帖（暢銷文案寫作詞彙集，暫譯）》**。

以《半澤直樹》系列為首，創作出許多爆紅系列小說的池井戶潤也是雙子座。其中**《アキラとあきら（彬與瑛，暫譯）》**具有很強的兩面性能量，故事描述彬與瑛兩個人進

雙子座　命運之書

《羅伯特柯里爾信書》
／羅伯特・柯里爾（Martino Fine Books）

《人性的弱點》
／戴爾・卡內基（時報出版）

《彬與瑛》／池井戶潤（集英社文庫）

入產業中央銀行後發生的種種。

漫畫方面，則有青山剛昌的**《名偵探柯南》**，「外表看似小孩，智慧卻過於常人」這句台詞相當出名。

此外，由池上遼一作畫、從黑道與政治的世界改變社會的**《聖堂教父》**，以及荒木飛呂彥的**《JoJo的奇妙冒險》**都是深刻描寫兩面性，充滿雙子座風格的名作。

雙子座的作家、名人

*省略敬稱／括號內為生日

柯南・道爾、庵野秀明（5・22）／伊坂幸太郎、二之宮知子、空知英秋（5・25）／和月伸宏、加藤一彥（5・26）／黑木梅沙、中澤新一（5・28）／池上遼一（5・29）／朝井遼、有吉弘行（5・31）／又吉直樹、東尼・博贊（6・2）／長澤雅美、神田昌典（6・3）／安潔莉娜・裘莉（6・4）／荒木飛呂彥、保羅・高更（6・7）／強尼・戴普、娜塔莉・波曼、有川浩、青木雄二、武田雙雲（6・9）／松隆子（6・10）／澤口靖子、鈴木由美子（6・11）／松井秀喜（6・12）／本田圭佑（6・13）／切・格瓦拉、中川大志（6・14）／保羅・R・舍（6・15）／武論尊、池井戶潤（6・16）／滿田拓也、森川葵（6・17）／保羅・麥卡尼、橫山光輝、曾田正人、三吉彩花（6・18）／太宰治（6・19）／石坂浩二（6・20）／青山剛昌（6・21）

提升雙子座能量的「力量閱讀法」

「得不到想要的資訊」、「覺得人際溝通令人心煩」、「工作效率低落」——如果你有這些感覺，就表示你處在缺乏雙子座能量的狀態。

提升雙子座能量的「力量閱讀法」，就是**一邊整理資訊一邊讀書**。如此一來，就能在更好的時機接收到資訊。

建議各位多加利用以放射狀寫出點子或資訊脈絡的**「心智圖」**，以及能夠快速閱讀書籍的劃時代方法**「影像閱讀法」**。

這兩者都是雙子座必備的力量閱讀法。

從書店或圖書館的區域尋找雙子座的「能量點」

能量點在「行銷」和「溝通」區域。在此區域不僅有機會遇到命運之書，還能補充運氣和雙子座能量。

轉動巨蟹座命運齒輪的是「心理學」之書

6／22～7／22出生　元素：水
巨蟹座的本質：母性、感情與共情、感受
守護星：掌管母性與感情的月亮

巨蟹座是一個在境界兩端來來去去的星座。屬於水象星座，所以比較情緒化。也具有宛如蟹螯般充滿攻擊性的一面。

會判斷對方是「朋友」還是「敵人」，一旦將對方視為敵人，就會發揮防禦本能，給人很有攻擊性的印象。有時會基於「感情」採取行動，完全不管是否合乎邏輯。

巨蟹座需要能夠理解他們「感情」的人。

他們會為喜歡自己的人付出一切，**像守護並支持孩子成長的母親般奉獻自我。**

此外，他們**非常愛家且重視自己的所在之處**。巨蟹座會親手做菜給讓自己卸下心房的親密對象吃，也是因為想要打造一個能讓自己打從心底感到安心的領地。

提升巨蟹座運勢的書

想提高巨蟹座的能量與運勢，建議挑選**描寫人的內心層面或感情的書**。推薦類別為「心理」、「家庭」和「食譜」。

此外，推薦的**封面顏色是乳白色**。書名、目錄或內文中，若含有「共情」、「母愛」、「愛」、「相信」、「幫助」、「領地」、「家人」、「安心」、「奉獻」這類詞語，能提升巨蟹座的能量。

伴侶關係方面的書籍，我推薦亞倫・皮斯與芭芭拉・皮斯（Allan Pease & Barbara Pease）夫妻共著的**《為什麼男人不聽，女人不看地圖？》**，以及約翰・葛瑞（John Gray）的**《男人來自火星，女人來自金星》**。這兩本都是學習如何與伴侶相處的必讀好書。

對人際關係感到煩惱的時候，可以讀恰克・史匹桑諾（Chuck Spezzano）的**《會痛的不是愛》**。快速翻閱整本書，再隨機打開一頁，就可以得到你所需要的訊息。

另外，布瑞特・布魯門薩爾（Brett Blumenthal）的**《7天養出一個好習慣，成就最解壓的一年》**也是一本好書，能幫助我們思考日常生活與工作之間的平衡。

從巨蟹座作家中找出命運之書

塩野七生的作品**《羅馬人的故事》系列**，描寫羅馬時代男人們的生活，很有巨蟹座的風格。內容充滿人性的魅力，令人心醉神迷。

原田舞葉的作品**《美麗的愚者》**，描寫國立西洋美術館的基石「松方收藏」的誕生始末。在日本建立美術館的追夢故事相當扣人心弦。

樹林伸作為眾多漫畫的原作者而為人所知。其作品包括**《金田一少年事件簿》**、**《偵探學園Q》**（兩部作品皆用天樹征丸的名義）、**《感應少年EIJI》**（用安童夕馬的名義）、

巨蟹座　命運之書

《為什麼男人不聽，女人不看地圖？》
／亞倫・皮斯與芭芭拉・皮斯（平安文化）
／アラン・ピーズ、
バーバラ・ピーズ（主婦の友社）

《會痛的不是愛》
／恰克・史匹桑諾
（長歌藝術傳播有限公司）

《美麗的愚者》／原田舞葉（時報出版）

《血色星期一》（用龍門諒的名義）等，特色在於心理描寫和心理戰。

其中的《神之雫》（用亞樹直的名義）更是充滿巨蟹座風格。讀者可以透過這個尋找人稱「神之雫」的紅酒的故事，體會到紅酒的魅力並學習紅酒與食物該如何搭配。

巨蟹座的作家、名人

*省略敬稱／括號內為生日

丹・布朗（6・22）／河合隼雄（6・23）／岡野玲子（6・24）／喬治・歐威爾、猿渡哲也（6・25）／久保帶人、許斐剛（6・26）／海倫・凱勒（6・27）／尚－雅克・盧梭（6・28）／野村克也、橋下徹、神尾葉子（6・29）／岡田斗司夫、明石家秋刀魚、香山理香（7・1）／賀來賢人（7・3）／村田雄介（7・4）／保羅・史密斯、野田洋次郎、赤松健、皆川亮（7・5）／第十四世達賴喇嘛、井上芳雄（7・6）／馬克・夏卡爾、塩野七生、藤島康介（7・7）／三谷幸喜（7・8）／湯姆・漢克斯（7・9）／喬治・亞曼尼、三浦健太郎、坂口健太郎（7・11）／亞美迪歐・莫迪利亞尼、荒俁宏（7・12）／堺屋太一（7・13）／原田舞葉、椎名桔平（7・14）／林布蘭・范賴恩（7・15）／王家衛、北村一輝（7・17）／宮藤官九郎（7・19）／岩崎夏海、樹林伸（7・22）

提升巨蟹座能量的「力量閱讀法」

「敵人變多」、「親密關係出現問題」、「為了芝麻蒜皮的小事不爽」、「無法融入群體」——如果你有這些感覺，就表示你處在缺乏巨蟹座能量的狀態。

巨蟹座對周遭環境相當敏感，對聲音也很敏感，因此提升巨蟹座能量的「力量閱讀法」，就是用耳朵讀書，亦即**聆聽有聲書或朗讀的錄音**。特別推薦煮飯的時候在廚房聆聽有聲書。

此外，巨蟹座也很擅長模仿，這一點對溝通有幫助，因此可以**試著將自己讀過的東西原封不動講給別人聽**，藉此加速學習。

☆從書店或圖書館的區域尋找巨蟹座的「能量點」

能量點在「心理」、「家庭」和「食譜」區域。在此區域不僅有機會遇到命運之書，還能補充運氣和巨蟹座能量。

轉動獅子座命運齒輪的是「王者與領袖魅力」之書

7／23～8／22出生　元素：火
獅子座的本質：創造、自我表現、演出
守護星：掌管自我表現的太陽

獅子座是王者的星座，是自我表現的星座，是擁有無法撼動的強大力量的星座。

正因如此，他們絕對不會讓別人看見自己的弱點。

但若問獅子座是不是比較喜歡自己一個人，其實也不是，他們還會忍不住對自己身邊的人展現出可靠的大哥／大姊氣質。

令人意外的是，當獅子座覺得「自己沒有什麼亮眼表現」或「最近不太行」的時候，有時也會將成功讓給他人，認真為他人出謀策劃。**獅子座雖然是王者，但也具備運**

籌帷幄的能力。因此，將獅子座力量運用得宜的人，總會給人一種王牌製作人的感覺。

由於獅子座是王者，所以容易覺得「自己相信的事物就是最好的」。對獅子座而言，也許自己找到的書就是最好的。

提升獅子座運勢的書

想提高獅子座的能量與運勢，建議挑選**「王者」之書**。推薦類別為「領導」和「管理」，**帝王學或自我表現的書籍**也很不錯。

由於獅子座平常都扮演著他人眼中理想的自己，所以推薦閱讀**能讓自己打從心底感到「興奮雀躍」的書**，這樣的書能夠讓獅子座感受到真實的自我。

此外，推薦的**封面顏色是金色**、**黃色**、**橘色**。書名、目錄或內文中，若含有「領袖魅力」、「孤傲」、「自我表現」、「簡報」、「演出」、「心」、「使命感」、「克服」這類詞語，能提升獅子座的能量。

推薦的領導類書籍，是世界各國領導人都在學的**《調適性領導的實踐與藝術》**，由哈佛大學教授隆納・海菲茲（Ronald Heifetz）等人所著。這本書可以讓我們學習到身為一個領導者，該如何發現問題、定義問題，並找出新的可調適解決方案。漫畫方面則有**《歴史劇画　大宰相（歷史劇畫　大宰相，暫譯）》**，非常推薦透過這部漫畫來認識第二次世界大戰後的日本政治家，可以了解到戰後領導者的作風。

源賴朝、北條義時、北條泰時、德川家康、德川秀忠都在讀的**《貞觀政要》**也是眾多帝王學書籍之中必讀的一本。而簡報相關書籍，則推薦針對史蒂夫・賈伯斯的簡報進行解說、由卡曼・蓋洛（Carmine Gallo）所著的**《スティーブ・ジョブズ 驚異のプレゼン（史蒂夫・賈伯斯的簡報祕訣，暫譯）》**。

☆從獅子座作家中找出命運之書

感覺有許多獅子座的作家都是開拓業界的王者，例如歷史小說巨匠司馬遼太郎、吉川英治，還有二十世紀兒童小說代表作**《哈利波特》系列**的作者J・K・羅琳。

獅子座　命運之書

《歷史劇畫　大宰相（暫譯）》第1卷
／齊藤隆夫、戶川豬佐武　原作（講談社）

《史蒂夫・賈伯斯的簡報祕訣（暫譯）》
／卡曼・蓋洛（McGraw Hill）

《哈利波特(1)：神秘的魔法石【繁體中文版20週年紀念】》
／J・K・羅琳著，彭倩文譯，Krenz、Loiza繪（皇冠）

司馬遼太郎筆下，有**《梟之城》**、**《盜國物語》**、**《龍馬來了》**、**《坂上之雲》**等多部能夠讓讀者學到如何領導、充滿獅子座風格的作品。

在體育界稱霸，且日後依然延續榮光也是獅子座的特徵，例如網球界的王者羅傑・費德勒（Roger Federer），以及人稱「地球上跑得最快的人」的一百公尺短跑紀錄保持者——尤塞恩・博爾特（Usain Bolt）。時尚界也出了許多傳奇人物，例如路易・威登（Louis Vuitton）、可可・香奈兒（Coco Chanel）、伊夫・聖羅蘭（Yves Saint Laurent）等等。**也很推薦閱讀這些卓越人物的自傳。**

獅子座的作家、名人

*省略敬稱／括號內為生日

丹尼爾・平克（7・23）／吉本芭娜娜（7・24）／史丹利・庫柏力克、卡爾・古斯塔夫・榮格（7・26）／川口開治（7・27）／高橋陽一（7・28）／岸田文雄（7・29）／J・K・羅琳（7・31）／伊夫・聖羅蘭、山崎紗也夏（8・1）／行定勳（8・3）／路易・威登、巴拉克・歐巴馬（8・4）／司馬遼太郎（8・7）／羅傑・費德勒、天海祐希（8・8）／黑柳徹子、池上彰（8・9）／孫正義、吉川英治（8・11）／吉田秋生（8・12）／拿破崙・波拿巴、班・艾佛列克（8・15）／詹姆斯・卡麥隆、瑪丹娜、池谷裕二、寬一郎（8・16）／戶田惠梨香、勞勃・狄尼洛（8・17）／城山三郎（8・18）／可可・香奈兒、鈴木敏夫（8・19）／尤塞恩・博爾特（8・21）／克勞德・德布西、塔摩利、北川景子、雷・布萊伯利（8・22）

提升獅子座能量的「力量閱讀法」

「缺乏自信」、「沒有興奮感」、「與理想的自己相去甚遠」、「感到孤獨」——如果你有這些感覺，就表示你處在缺乏獅子座能量的狀態。

提升獅子座能量的「力量閱讀法」，就是不要效仿他人，**自己中意的閱讀方式就是最棒的。**用自己認為王道的方法閱讀的書籍，才能讓獅子座產生共鳴，也可以補充能量。**與其追求普遍的正確，不如果斷認定能讓自己感到「興奮」的書就是正確的。**

從書店或圖書館的區域尋找獅子座的「能量點」

能量點在「領導」、「簡報」和「電影」區域。在此區域不僅有機會遇到命運之書，還能補充運氣和獅子座能量。

轉動處女座命運齒輪的是「分析與觀察」之書

8／23～9／22出生　元素：土
處女座的本質：秩序、分析、觀察
守護星：掌管分析能力的水星

處女座優雅、浪漫、擁有細膩且豐富的感受力，同時也有挑剔的一面。行動力強，做事俐落，給人一種很現實、會按部就班執行工作的印象。

處女座是會仔細觀察並分析事物的星座，因此**很會觀察人，能夠瞬間掌握一個人的長處、才能以及弱點**。也經常會覺得「啊，好想守護這個人」。

不過，比起為某個特定的人鞠躬盡瘁，他們**想為公司或整體社會貢獻的心意更加強烈，所以有時候會自我犧牲，在現代社會中容易感到疲勞。**

如果這種時候能夠自我鼓勵，或是從書中找到一句給予自己支持的話就好了。

此外，處女座對氣味也很敏感。會感覺到飄散在空間中的香氛或氣味，可以透過食用自己覺得美的食物來獲得力量。

提升處女座運勢的書

想提高處女座的能量與運勢，建議挑選**具有「分析」性質的書籍或能感受到美的藝術書籍**。

推薦類別為「商務技能」、「商務隨筆」或「自我啟發」。這類以洞察和觀察構成的書籍，一定可以幫助你發揮出自身的「美感」、「觀察力」、「實務能力」。

此外，推薦的**封面顏色是深綠色**、**大地色**。書名、目錄或內文中，若含有「分析」、「觀察」、「時間」、「圖」、「精準」、「完美」、「整理整頓」、「清高」、「成果」這類詞語，能提升處女座的能量。

《獲利時代》就是一本能夠提升處女座觀察、分析、洞察力的書。作者是得過好幾次管理思想家的奧斯卡獎——thinkers 50的亞歷山大・奧斯瓦爾德（Alexander Osterwalder）與伊夫・比紐赫（Yves Pigneur）。

由於處女座的「實務能力」很強，所以也推薦講述女性打拚事業的**《挺身而進》**，作者是前Facebook營運長雪柔・桑德伯格（Sheryl Sandberg）。

而自我啟發方面，則推薦史蒂芬・柯維（Stephen R. Covey）的**《與成功有約：高效能人士的七個習慣》**。這是跨越時代的普遍性原則。當你變得挑剔或完美主義的時候，只要回歸原點，就能夠自我分析並重拾自己的步調。

從處女座作家中找出命運之書

似乎有很多處女座作家的作品，都帶有源自於洞察力的「敏銳度」。

從川上未映子與村上春樹的訪談集**《貓頭鷹在黃昏飛翔》**，以及川上未映子的**《夏的故事》**中，都能感受到處女座的現實感和日常的觀察能量。

處女座　命運之書

《挺身而進》
／雪柔・桑德伯格（天下雜誌）

《與成功有約：高效能人士的七個習慣》
／史蒂芬・柯維（天下文化）

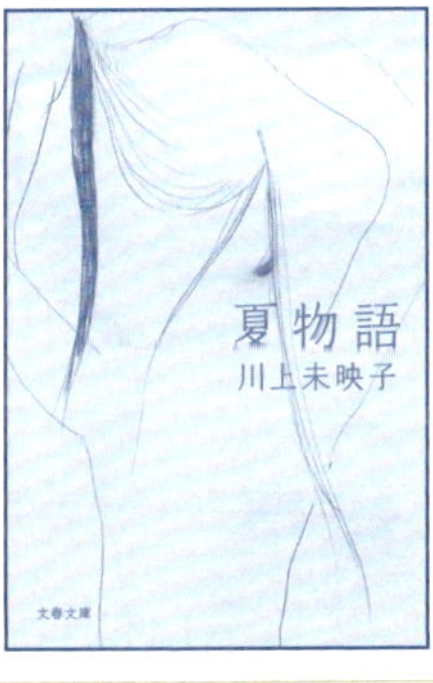

《夏的故事》／川上未映子（時報出版）

閱讀中村文則的**《私の消滅（我的消滅，暫譯）》**和**《教團X》**，也能感受到其中的觀察力和構成力。

漫畫方面，則有一條由香莉的**《Pride 邁向榮耀之路》**。既高尚又充滿美感，以音樂大學作為背景的故事設定，完全就是處女作能量的體現。

羽海野千花筆下，描繪美術大學學生生活的**《蜂蜜幸運草》**以及描繪將棋世界的**《3月的獅子》**，都給人一種柔和的印象，但對現實的描寫也相當敏銳，這就是處女座的特徵。

處女座的作家、名人

＊省略敬稱／括號內為生日

保羅・科埃略（8・24）／小篠順子（8・25）／德蕾莎修女（8・26）／約翰・沃夫岡・馮・歌德（8・28）／麥可・傑克森、川上未映子、濱邊美波（8・29）／羽野海千花、卡麥蓉・狄亞（8・30）／基努・李維、中村文則、原哲夫（9・2）／染谷將太、楳圖一雄（9・3）／碧昂絲（9・4）／佛萊迪・墨裘瑞、前川和夫、田村由美（9・5）／永井豪、星新一（9・6）／森下裕美（9・7）／松本人志（9・8）／弘兼憲史（9・9）／卡爾・拉格斐、松田翔太（9・10）／長友佑都（9・12）／安藤忠雄（9・13）／淺野敦子、史澤永吉、赤塚不二夫（9・14）／山崎直子（9・15）／奧浩哉、橫濱流星、落合陽一（9・16）／一條由香莉（9・19）／麻生太郎、高橋努、安室奈美惠（9・20）／安倍晉三、史蒂芬・金、二階堂富美（9・21）／吉田茂、石井龍也、淺野一二〇（9・22）

提升處女座能量的「力量閱讀法」

「對芝麻蒜皮的小事感到介意」、「無法原諒別人犯錯」、「因為暴飲暴食而打亂生活節奏」——如果你有這些感覺，就表示你處在缺乏處女座能量的狀態。

提升處女座能量的「力量閱讀法」，就是**在開始閱讀時徹底調查、分析**。徹底查清楚對方的底細。從最新資訊到過去的舊資料，大量收集情報吧。**如果發現了在意的地方，就裁下該頁面、拍照記錄或影印，彙整在剪貼簿裡。**如此一來就能獲得新的構想。

從書店或圖書館的區域尋找處女座的「能量點」

能量點在「商務技能」、「商務隨筆」和「自我啟發」區域。在此區域不僅有機會遇到命運之書，還能補充運氣和處女座能量。

轉動天秤座命運齒輪的是「平衡感與時尚」之書

9／23～10／22出生　元素：風

天秤座的本質：測量、平衡、人際關係

守護星：掌管品味的金星

天秤座具有區分「自己」、「別人」，並在兩者之間建立橋梁的特性。具有堅定不疑的價值觀。

天秤座**基於均衡配置而形成的美學品味相當優異**，因此被具有強烈天秤座能量的人說「好」的東西，都會讓人覺得很「時髦」。

天秤座經手過的東西通常都會蔚為流行，**因此天秤座出了許多開創一個時代的藝術家和作家**。而那個流行明明是經過「算計」的，卻能夠為周遭或社會所接受。

天秤座不會模仿別人，重視「自我風格」，似乎希望與其他和自己一樣擁有自我風格的人平起平坐。

此外，天秤座也**很擅長處理人際關係**。不只是自己，他們也會為他人設想，因此能夠與人維持良好的關係。

提升天秤座運勢的書

想提高天秤座的能量與運勢，建議挑選**均衡**、**有美感的書籍**。推薦類別為「時尚」、「美容」和「藝術」。

此外，推薦的**封面顏色是粉紅色**、**玫瑰粉色**、**綠色**。書名、目錄或內文中，若含有「測量」、「時尚」、「時代預測」、「協商」、「心理戰」、「藝術」、「平衡」、「分享」、「價值」、「公平」這類詞語，能提升天秤座的能量。

時尚書籍方面，推薦知名YouTuber兼部落客「米蘭達媽媽」輪湖Monami（ミランダかあちゃん／輪湖もなみ）的**《「いつでもおしゃれ」を実現できる幸せなクロー**

ゼットの育て方（實現「無時無刻都時尚」的幸福衣櫥打造術，暫譯）》。天秤座非常重視衣櫥。

美容方面的推薦書籍，則是美容家神崎惠的**《神崎惠的Private Beauty Book（暫譯）》**。本書的照片相當吸睛，不過文章中偶爾出現的狀聲詞和形容也呈現絕妙的平衡。

藝術方面，我推薦中野京子的**《運命の絵 もう逃れられない（命運之畫 再也無法逃離，暫譯）》**。書中介紹因為製作出某幅畫而招來幸運或不幸的故事。世界的動向和運勢的走向對天秤座的感受力來說也相當重要，所以請各位務必一讀。

☆從天秤座作家中找出命運之書

現代建築大師勒・柯比意（Le Corbusier）是天秤座。推薦去看他的作品集，或實際前往他所設計的國立西洋美術館，透過現場的繪畫、造形藝術作品提升美學品味。

而艾文・托佛勒（Alvin Toffler）的**《第三波》**和**《Wealth 3.0》**是充滿天秤座風格的時代預測書，尤其受到新創企業經營者的青睞。

天秤座　命運之書

《神崎惠的Private Beauty Book（暫譯）》
／神崎惠（大河書房）

《命運之畫　再也無法逃離（暫譯）》
／中野京子（文藝春秋）

《第三波》／艾文・托佛勒（時報文化）

將棋棋士羽生善治也是天秤座。羽生善治連續保有頭銜二十七年，至今仍於第一線征戰，我們可以從他至高無上的著作《大局觀》中，學習他的決斷力、專注力、訓練方法、面對失敗的方法以及運氣。

天秤座的作家、名人

＊省略敬稱／括號內為生日

稻葉浩志、三浦紫苑（9・23）／史考特・費茲傑羅、筒井康隆（9・24）／T・S・艾略特（9・26）／羽生善治、艾薇兒・拉維尼、中田敦彥（9・27）／石原慎太郎、五木寬之（9・30）／中村正人（10・1）／濱崎步、聖雄甘地（10・2）／尚ー法蘭索瓦・米勒、艾文・托佛勒、高橋和希（10・4）／凱特・溫斯蕾（10・5）／勒・柯比意（10・6）／弗拉迪米爾・普丁、佐佐木倫子、桐野夏生（10・7）／室伏廣治（10・8）／約翰・藍儂（10・9）／菅直人、朱塞佩・威爾第、高橋留美子、野坂昭如、藤本樹（10・10）／東儀秀樹、真田廣之（10・12）／松嶋菜菜子、真飛聖（10・13）／雷夫・羅倫、堺雅人（10・14）／渡部昇一（10・15）／奧斯卡・王爾德（10・16）／羽田圭介（10・19）／江戶川亂步（10・21）／鈴木一朗、田中芳樹（10・22）

提升天秤座能量的「力量閱讀法」

「沒有新的邂逅」、「對外貌沒有自信」、「沒有遇到美麗的事物」、「總覺得不太平衡」——如果你有這些感覺，就表示你處在缺乏天秤座能量的狀態。

提升天秤座能量的「力量閱讀法」，就是**加入「美」與「平衡感」**。

要加入「美」的元素，就要去接觸、欣賞美麗的事物。光是這麼做就能提升運勢，因此可以**試著在書店的雜誌區，將目光所及的每一本雜誌都拿起來看看**，並且觀察「登上雜誌封面的都是哪些人」、「經常運用的表現方式」等流行趨勢。

其實不僅限於天秤座，只要那本雜誌的封面人物是與自己相同星座的演員或藝人，都可以為我們提升運勢與能量。

而要加入「平衡感」的話，請試著在學習一項東西時，也去閱讀相反立場的內容。讀書的時候，不要只在乎「作者的意見」，**要把「自己的意見」看得與「作者的意見」一樣重要，如此一來運勢就會上升。**

從書店或圖書館的區域尋找天秤座的「能量點」

能量點在「時尚」、「美容」和「藝術」區域。在此區域不僅有機會遇到命運之書，還能補充運氣和天秤座能量。

轉動天蠍座命運齒輪的是「破解祕密」之書

10／23～11／21出生　元素：水
天蠍座的本質：祕密、真實、死亡與重生
守護星：掌管變貌的冥王星

天蠍座喜歡「祕密」與「真實」。雖說如此，但天蠍座卻不會坦白自己的事情，即便受到逼迫，也要保守自己的祕密。不過，一旦他們對人打開了心房，就會對那個人親暱到彷彿之前的祕密主義都是假的。

就像蠍子只要用牠的毒針一刺，就能奪人性命，天蠍座也**能夠用敏銳的洞察力「瞬間看透真實」**。因此他們很容易感覺自己遭到背叛，容易受傷。

另一方面，天蠍座的**專業意識很高，遇到愈危險的情況，他們愈有可能獨自一人面**

對挑戰。所以有時候會因為耗盡全力奔走、一個人承擔太多而崩潰。如果在脆弱的時候能夠向人求助就好了，但這對天蠍座來說很困難，因此請利用接下來介紹的書籍，重新整頓自己的內心與能量。

提升天蠍座運勢的書

想提高天蠍座的能量與運勢，建議挑選「闡明真實」或「有神祕感」的書。**天蠍座似乎能藉由閱讀禁忌、被隱藏的事實、被禁止的東西這類內容來提升能量。**

推薦類別為「靈性／精神世界」、「占卜」和「神祕學」。以前被視為禁忌的「性」、「金錢」、「宗教」相關書籍也不錯。

此外，推薦的**封面顏色是深紅色**、**紫紅色**、**黑色**。書名、目錄或內文中，若含有「神祕感」、「性」、「刺」、「研究」、「死亡與重生」、「祕密」、「慾望」、「共鳴」、「深愛」這類詞語，能提升天蠍座的能量。

能夠改變天蠍座命運的書，就是**《聖經》**、**《古事記》**這類非常直接明瞭宗教書。要稍微降低一點難度的話，則推薦朗達・拜恩（Rhonda Byrne）的**《祕密》**，或是詹姆士・雷德非（James Redfield）的**《聖境預言書》**等靈性書籍。而辻麻里子的**《22を超えてゆけ（超越22，暫譯）》**是一本主要講述阿卡夏記錄的書，能從中感受到祕密和真實，說不定會成為天蠍座命中注定的那一本書。

☆從天蠍座作家中找出命運之書

許多天蠍座作家筆下的作品，都與破解祕密相關。**《思考致富》**的作者拿破崙・希爾（Napoleon Hill）也是天蠍座。這本書是因為鋼鐵大王安德魯・卡內基（Andrew Carnegie）委託作者去調查成功人士的祕密而寫成的，非常符合破解祕密這個主題。

天蠍座的守護星是掌管死亡與重生的冥王星，最能呈現出這項特質的作品，就是手塚治虫的**《火之鳥》**。而同作者筆下的**《怪醫黑傑克》**則是描寫醫療和人體祕密，這部作品也可以為我們補充天蠍座能量。其他推薦的漫畫還有齊藤隆夫的**《骷髏13》**，故事

天蠍座　命運之書

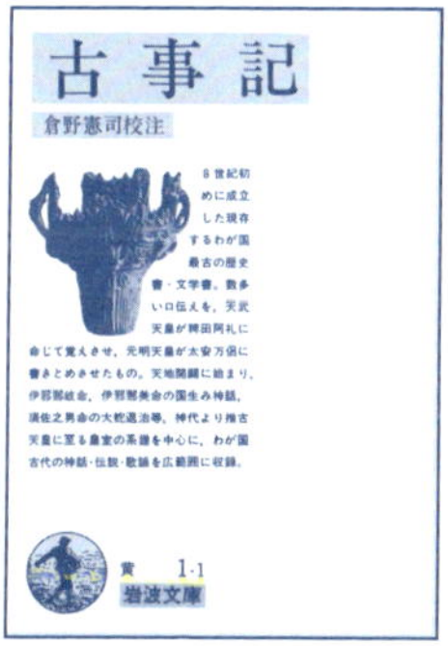

《古事記》／太安萬侶（商周出版）

《祕密》／朗達・拜恩（方智）

《火之鳥》／手塚治虫（台灣東販）
©手塚プロダクション

中的殺手令人聯想到天蠍座的毒針。

現代推理小說方面，則推薦雫井脩介的**《謹告犯人》**和**《檢方的罪人》**，故事節奏明快，祕密與真實的平衡充滿天蠍座的風格，令人拍案叫絕。

天蠍座的作家、名人

＊省略敬稱／括號內為生日

巴勃羅・畢卡索、恩田陸（10・25）／北方謙三、拿破崙・希爾（10・26）／傑拉爾德・溫伯格（10・27）／茱莉亞・羅勃茲、奈奈緒、倉木麻衣（10・28）／淳君、崛江貴文（10・29）／松田琉花（10・30）／楊・維梅爾、山本耕史（10・31）／阿川佐和子（11・1）／深田恭子（11・2）／手塚治虫、齊藤隆夫、堤幸彥（11・3）／中川雅也（11・4）／富野由悠季（11・5）／松岡修造、艾瑪・史東（11・6）／石黑一雄、岸本齊史（11・8）／糸井重里（11・10）／養老孟司、李奧納多・狄卡皮歐（11・11）／克洛德・莫內、雫井脩介（11・14）／內田康夫（11・15）／本田宗一郎（11・17）／豬之谷言葉（11・18）／卡爾文・克雷恩（11・19）／YOSHIKI、豬瀨直樹、堀越耕平（11・20）

提升天蠍座能量的「力量閱讀法」

「無法保持專注」、「嫉妒心變強」、「感覺豐碩的成果離自己愈來愈遠」──如果你有這些感覺，就表示你處在缺乏天蠍座能量的狀態。

提升天蠍座能量的「力量閱讀法」，就是**用破解祕密的方式閱讀**。

可以像是破解推理小說一樣，先擷取片斷的內容。決定好目的之後，快速翻過整本書的書頁，接著隨機打開一頁，將映入眼簾的字句和頁數筆記下來。重複以上步驟六次。最後，從這六次的筆記中，**推理出作者到底想要表達什麼；如果是小說的話，就推理故事情節會如何發展**。接下來，從中意的地方開始閱讀，確認自己的推測是否正確。

這種一邊推理一邊閱讀的方式，能夠讓天蠍座想要破解祕密的慾望獲得滿足。而且推理也可以提升專注力，非常推薦各位嘗試。此外，也很推薦基於腦科學、行動科學和認知心理學所開發出來的**「共鳴閱讀法（Resonance Reading）」**。這個方法可以幫助我們瞬間掌握想要了解的資訊，是一種很適合天蠍座的速讀法。

從書店或圖書館的區域尋找天蠍座的「能量點」

能量點在「靈性／精神世界」和「占卜」區域。在此區域不僅有機會遇到命運之書，還能補充運氣和天蠍座能量。

轉動射手座命運齒輪的是「語言與外國」之書

11／22～12／21出生　元素：火
射手座的本質：移動、冒險、擴大
守護星：掌管樂觀的木星

射手座是一個會自己鎖定目標，並朝遠方飛去的星座。

比起當下，對於拓展未來更加積極，具有想要優化、拓展人生的傾向。

舉例來說，如果射手座的目標是將來要創業，他們就會繼續訂定更具體的小目標。

他們會去思考，什麼東西對自己的將來有幫助？今天能夠為此做些什麼？

射手座還有另外一項特徵，那就是他們會不斷想去嘗試新的事情，只要覺得一件事有趣、令人興奮，他們都會想要嘗試。而且，就連「感覺很困難」、「要逼緊自己才能完成」的事情，他們也會一頭栽進去。**困難的事情反而會令他們燃起鬥志、充滿幹勁。**

比起特定的興趣，射手座會去嘗試各種事物，從中找出適合自己的。

另外，射手座是移動的星座，**喜歡旅行**也是射手座的特徵之一。但要是沒有刺激，很快就會感到厭煩，迅速轉移到其他地方，所以新的刺激相當重要。

提升射手座運勢的書

想提高射手座的能量與運勢，建議挑選有助於提高挑戰精神、加快步調的書。

推薦類別為「語言」、「外國」、「文化人類學」和「哲學」。

此外，推薦的**封面顏色是天藍色**、**紫色**。書名、目錄或內文中，若含有「移動」、「圖書館」、「樂觀」、「上進心」、「喜歡的事」、「自由」、「刺激」、「飛翔」、「興奮」這類詞語，能提升射手座的能量。哲學方面，可以從池田晶子的**《14歳からの哲学（十四歲開始學哲學，暫譯》**入門。

而中澤新一的**《増補改訂アースダイバー（增補改訂Earth Diver，暫譯》**也非常

適合具有移動特性的射手座。走在路上的時候，有時候會浮現「這條路走起來好舒服」或「這條路感覺有點陰森」的想法，對吧？根據這本書的說法，這和地層大有關係。

旅行必備的**《RURUBU》**、**《Jalan》**、**《co-Trip》**、**《MAPPLE》**、**《地球步方》**等導覽書，也可以為射手座補充能量。

語言類的推薦書籍為新條正惠的**《30日で英語が話せるマルチリンガルメソッド（30天學會說英語的多語言學習法，暫譯）》**。可以從掌握八國語言的作者身上，學習用最快速度習得一門語言的訣竅。

從射手座作家中找出命運之書

射手座作家的特徵，是經常創作出給予人們夢想的故事。

例如由淺田次郎所作、背景設定在中國清朝末期的歷史小說**《蒼穹之昴》**系列，還有水野敬也的**《夢象成真》**，以及馬克・吐溫的**《湯姆歷險記》**。

漫畫則有藤子・F・不二雄的**《哆啦A夢》**，以及福本伸行的**《賭博墮天錄》**系

射手座　命運之書

《30天學會說英語的多語言學習法（暫譯）》
／新條正惠（Kanki出版）
※僅有電子書

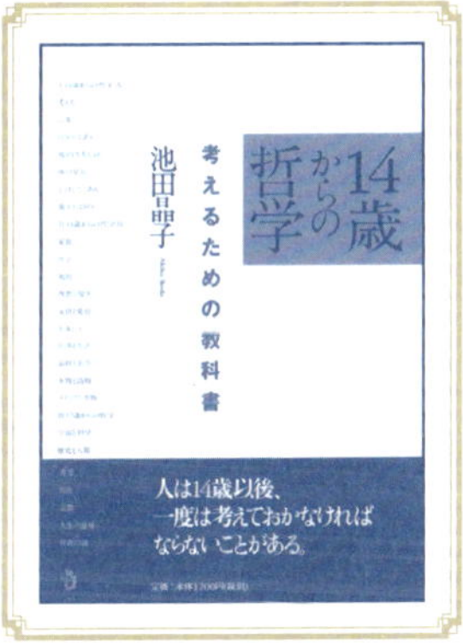

《十四歲開始學哲學（暫譯）》
／池田晶子（Transview）

《湯姆歷險記》
／馬克・吐溫（商周出版）

列，後者是描寫一個人從山窮水盡的人生谷底翻身的故事。

任天堂社長岩田聰深受全世界遊戲玩家和遊戲開發者敬愛，而介紹他的**《岩田聰如是說》**也是給予人們夢想的一本書。

射手座的作家、名人 ＊省略敬稱／括號內為生日

史嘉蕾・喬韓森、aiko（11・22）／田中美奈實（11・23）／椎名林檎、吉本隆明（11・25）／水野敬也（11・26）／松下幸之助、吉米・亨德里克斯、片桐仁、小室哲哉（11・27）／向田邦子、松雪泰子（11・28）／馬克・吐溫、雷利・史考特、宮崎葵、滿島光、鹿島茂（11・30）／藤子・F・不二雄（12・1）／吉安尼・凡賽斯、吉崎觀音（12・2）／池田勇人、阿曼達・塞佛瑞、松岡圭祐（12・3）／華特・迪士尼（12・5）／菅義偉、久石讓、車田正美、岩田聰（12・6）／諾姆・杭士基（12・7）／高橋一生、安彥良和（12・9）／桂正和、福本伸行、佐藤浩市（12・10）／秋本治（12・11）／高橋弘、栗原正尚（12・12）／泰勒絲、淺田次郎（12・13）／勝間和代、珍・柏金（12・14）／蜜拉・喬娃維琪（12・17）／布萊德・彼特、池田理代子（12・18）／愛迪・琵雅芙（12・19）／本木雅弘、草野正宗（12・21）

提升射手座能量的「力量閱讀法」

「在挑戰前就先放棄」、「悲觀」、「提不起勁出門」、「缺乏上進心」——如果你有這

些感覺，就表示你處在缺乏射手座能量的狀態。

提升射手座能量的「力量閱讀法」，就是**決定目標，還有積極尋找新的刺激**。也要重視自己內心的狀態，比如想不想讀這本書之類的。**鎖定目標之後，就能確實得到收穫，因此請好好訂定目標再閱讀吧。**

此外，旅行的時候也建議隨身攜帶一、兩本書。在飛機上、高鐵上或旅遊地點讀書，對射手座來說是個很好的能量補充。

射手座的守護星是掌管擴大與成長的木星，因此也推薦各位挑戰閱讀成長故事、關於外國的書籍或外文書。意外地，**很多人直接讀原文，會比讀翻譯版本更能確實理解書中的內容。**

從書店或圖書館的區域尋找射手座的「能量點」

能量點在「語言」、「外國」、「文化人類學」和「哲學」區域。在此區域不僅有機會遇到命運之書，還能補充運氣和射手座能量。

轉動摩羯座命運齒輪的是「訓練與成長」之書

12／22～1／19出生　元素：土
摩羯座的本質：訓練、指使、責任
守護星：掌管冷靜的土星

摩羯座責任感很強，會默默地堅持不懈，逐步鞏固自己的社會地位。特徵是會持續鍛鍊，登上自己所追求的巔峰。

此外，摩羯座很重視傳統和古典。**具有為社會或整體組織考量的傾向，因此有時候會給人權威的感覺。**

不過，由於摩羯座認真負責、誠實，又是工作狂，要是付出的努力與獲得的評價不成正比，可能會開始厭惡所謂的傳統和社會常識。

也有可能覺得社會上的規則、與上位者保持良好關係一點意義也沒有。這種時候，**請想想「自己重視哪些東西」，好好珍惜自己的價值觀、習慣和節奏。**此時正適合去留意古老的傳統、風俗習慣，以及經過很長一段時間才能形成的事物。

提升摩羯座運勢的書

想提高摩羯座的能量與運勢，建議挑選一步一腳印持續努力、堅忍不拔的訓練相關書籍。另外，熱愛傳統、自古傳承、守護過去建立的事物的商業管理書也很不錯。

推薦類別為「古典」、「習慣」或是「文庫」。

此外，推薦的**封面顏色是墨綠色**、**黑色**、**咖啡色**。書名、目錄或內文中，若含有「自制」、「夥伴」、「野性的直覺」、「人生目的」、「歷史」、「努力與成長」、「勝敗」、「巡禮」、「持續」、「○○道（茶道、花道、劍道、弓道、武士道等）」這類詞語，能提升摩羯座的能量。

認識古代中國要透過古代典籍。推薦宮城古昌光的歷史小說系列**《天空之舟—小說伊尹》**、**《太公望》**、**《管仲》**、**《晏子》**、**《孟嘗君》**。依照這個順序閱讀，就可以一口氣認識秦始皇統一天下之前的中國，以及春秋、戰國時代。

《論語》在日本歷史中也占據一席重要地位，透過孔子與弟子間的問答，告訴我們在面對各種困難的同時，該將自己培養成什麼樣的人格。

漫畫方面，則推薦克服困難的「成長故事」。例如尾田榮一郎的**《ONE PIECE航海王》**，還有鬼才浦澤直樹的**《網壇小魔女》**和**《20世紀少年》**，這些角色們跨越形形色色困難的身影，可以為摩羯座補充能量。

★從摩羯座作家中找出命運之書

就像三島由紀夫和村上春樹一樣，摩羯座的作家具有以規律的生活作息為本，寫出曠世巨作的傾向。

讀他們的小說當然非常好，不過他們的散文中有著更多摩羯座特色的內容。三島由

摩羯座　命運之書

《新譯論語新編解義》
／胡楚生編著（三民書局）

《ONE PIECE 航海王》
／©尾田榮一郎（東立）

《我每天早上都是為了做夢而醒來（暫譯）》
／村上春樹（文藝春秋）

紀夫的**《文章讀本》**和村上春樹的**《夢を見るために毎朝僕は目覚めるのです（我每天早上都是為了做夢而醒來，暫譯）》**正是這樣的書。

平成時代的知名企業家、京瓷創辦人稻盛和夫在其著作**《生存之道》**中提到，要懷著長期的目標和忍耐力一步一步往前進，而這正是提升摩羯座能量的方法（以戶籍資料來看他是水瓶座，但也有說法認為他是摩羯座）。

摩羯座的作家、名人

*省略敬稱／括號內為生日

宮部美幸、綾辻行人、山崎將義（12・23）／北康利、北川悅吏子（12・24）／藤澤周平、小栗旬（12・26）／石田翠、約翰・格雷、石原裕次郎、渡哲也（12・28）／錦織圭（12・29）／開高健（12・30）／俵萬智（12・31）／尾田榮一郎、夢枕貘、細川智榮子（1・1）／浦澤直樹、以薩・艾西莫夫（1・2）／三田紀房、山田風太郎（1・4）／宮崎駿（1・5）／聖女貞德（1・6）／白洲正子（1・7）／艾維斯・普利斯萊（1・8）／深津繪里、千葉徹彌、山岡莊八（1・11）／村上春樹、井上雄彥、中谷美紀（1・12）／三島由紀夫（1・14）／町田康（1・15）／森川讓次（1・17）／北野武、佐藤優（1・18）／松任谷由實、宇多田光（1・19）

提升摩羯座能量的「力量閱讀法」

「無法一步一腳印地堅持下去」、「努力卻沒有得到正當評價」、「與上司處不好」——如果你有這些感覺，就表示你處在缺乏摩羯座能量的狀態。

提升摩羯座能量的「力量閱讀法」，就是先選擇自己目標程度的書。**可以是晦澀難懂的書，或者像是厚重專業教科書般的書籍**。然後，朝著自己想到達的程度，一本一本讀下去，就能補充摩羯座能量。

一開始，請事先定好要在星期幾讀、讀多久。與已經成為習慣的行動綁在一起，會更容易維持。

舉例來說，如果你有早上喝咖啡的習慣，那就在早上喝咖啡的時候，讀三分鐘的書，**將讀書這件事與既存的習慣綁在一起**。習慣讀書三分鐘之後，再慢慢增加，五分鐘、十分鐘、十五分鐘……像這樣逐漸拉長時間。

從書店或圖書館的區域尋找摩羯座的「能量點」

能量點在「古典」、「習慣」或者「文庫」區域。在此區域不僅有機會遇到命運之書，還能補充運氣和摩羯座能量。

轉動水瓶座命運齒輪的是「革新」之書

1／20～2／18出生　元素：風
水瓶座的本質：個性、尖端、解決
守護星：掌管創新的天王星

用一句話形容水瓶座，就是個性相當鮮明。

水瓶座會一個人貫徹自己的想法；相反地，他們有時候也會對自己相信的事物感到動搖或苦惱。討厭被別人束縛，渴望自由，渴望成為特別之人。

會關注具有獨創性的新技術，以及革命性、劃時代的事物，容易對創造新潮流的事物產生興趣。

另一方面，由於水瓶座能夠用廣且淺的客觀視角縱觀一切事物，所以很多水瓶座能成為優秀的工程師或開發人員。

水瓶座只是一如往常地行動，別人就經常覺得他們很奇怪、很有個性。有時候水瓶座會不太喜歡別人這樣想他們。

但是，**當水瓶座自然而然地接受這一點，就能夠創造出符合時代的新產品、服務或創新的事物。**

提升水瓶座運勢的書

想提高水瓶座的能量與運勢，建議挑選**能感覺到「時代尖端」與「嶄新」的書籍**。推薦類別為「電腦」、「理工」和「時代預測」。

此外，推薦的**封面顏色是金屬色、螢光藍**。書名、目錄或內文中，若含有「尖端」、「獨創性」、「高科技」、「願景」、「人工」、「邏輯」、「劇本」、「時代潮流」、「創新」這類詞語，能提升水瓶座的能量。

詹姆・柯林斯（Jim Collins）的**《基業長青》**是規劃願景和經營策略時必讀的書。

據說日本幾乎所有的新創企業家都參考了這本書，而且它也能為個性鮮明的水瓶座好好補充能量。

彼得・提爾（Peter Thiel）與布雷克・馬斯特（Blake Masters）合著的**《從0到1》**是一本預測世界未來發展的書。內容講述「從0到1」這種創造出新事物的創新，以及「從1到N」這種把1複製下去的全球化。

而尼克・伯斯特隆姆（Nick Bostrom）的**《超智慧》**，則是講述當AI的智慧超越全體人類的時候會發生什麼事。

此外，水瓶座還可以透過**觀賞科幻電影或劇集**來接觸最尖端的事物，並藉由預測未來發展來改變命運。

從水瓶座作家中找出命運之書

持續引領時尚界的克里斯汀・迪奧創辦人——克里斯汀・迪奧（Christian Dior）也是水瓶座。他在自傳**《兩個DIOR，「克里斯汀・迪奧」的誕生》**中寫了一句話：「要

水瓶座　命運之書

《從0到1》
／彼得・提爾、布雷克・馬斯特
（天下雜誌）

《超智慧》
／尼克・伯斯特隆姆（感電出版）

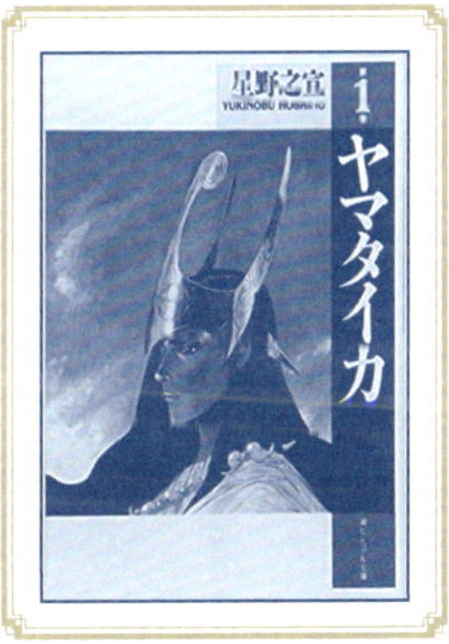

《邪馬台魔女》／星野之宣

是能讓所有女人都擁有公爵夫人般的外貌和感受，那不是很棒嗎？」給人一種非常優雅且走在時代尖端的感覺。

水瓶座漫畫家筆下的作品，感覺有很多都是在描繪科幻或未來世界。比如日本戰隊作品和英雄作品的始祖——石之森章太郎的**《假面騎士》**、**《人造人009》**，以及貞本義行筆下的不朽名作**《【完全版】新世紀福音戰士》**，還有永野護的**《五星物語》**、星野之宣的**《邪馬台魔女》**等，這些都是描繪未來世界的作品。

也很推薦電影與書籍都紅透半邊天的新海誠導演作品**《你的名字》**和**《天氣之子》**。

水瓶座的作家、名人

＊省略敬稱／括號內為生日

克里斯汀・迪奧、永野護（1・21）／網野善彥、中田英壽（1・22）／湯川秀樹、小日向文世、室剛（1・23）／野際陽子（1・24）／詹姆・柯林斯、石之森章太郎、松本零士、池波正太郎（1・25）／綾野剛（1・26）／沃夫岡・阿瑪迪斯・莫札特（1・27）／星野源（1・28）／安東・契訶夫、貞本義行、星野之宣（1・29）／綿矢莉莎、吉澤亮（2・1）／劇團一人（2・2）／橋本環奈（2・3）／宮城谷昌光、東野圭吾、佐佐木藏之介（2・4）／大地真央（2・5）／福山雅治、坂井泉水、中田康貴（2・6）／向井理（2・7）／山本寬齋（2・8）／伊集院靜、安達充、新海誠（2・9）／栗本薰、有村架純（2・13）／沖方丁、Hajime社長（2・14）／小田切讓、松岡茉優、高倉健、相川七瀨（2・16）／YUKI（2・17）／陳舜臣（2・18）

提升水瓶座能量的「力量閱讀法」

「無法展現自己的個性」、「被框架限制住」、「感到綁手綁腳」、「找不到自己想做的事」、「覺得跟不上時代」、「自己在模仿某個人」——如果你有這些感覺，就表示你處在缺乏水瓶座能量的狀態。

提升水瓶座能量的「力量閱讀法」，就是**尋找有沒有能瞬間吸引目光的嶄新「元素」**。此外，也請持續更新自己的讀書方式。水瓶座必須採用「新型態讀書法」，而非一字不漏閱讀的「傳統讀書法」。

使用Kindle或iPad等**先進裝置**來閱讀也是不錯的方式。

從書店或圖書館的區域尋找水瓶座的「能量點」

能量點在「電腦」、「理工」和「時代預測」區域。在此區域不僅有機會遇到命運之書，還能補充運氣和水瓶座能量。

轉動雙魚座命運齒輪的是「靈感與幻想」之書

2／19～3／20出生　元素：水
雙魚座的本質：深層真理、夢想、相信
守護星：掌管靈性的海王星

雙魚座是一個追求深入的真理與本質事物的星座。

乍看之下，這種深入的觀點或許無法為他人所理解，容易被視為優柔寡斷，但他們本人會潛入深海，從潛在性中找出事物的本質。

雙魚座的特徵，就是**對肉眼看不見的世界以及靈性很感興趣，而且有不少人會隱約察覺到自己的靈性力量**。

由於雙魚座的性格不大符合現代社會的框架，要是只用一般社會常識來思考，可能會覺得很痛苦。

基本上，雙魚座具有強烈的奉獻精神，為了推動事情進展，犧牲自己也在所不惜，因此有可能遭遇嚴峻的場面。

即便如此，**如果雙魚座學會面對自己的內在，就能將無法訴諸言語的事以藝術的形式表現出來，擄獲許多人的心。**

提升雙魚座運勢的書

想提高雙魚座的能量與運勢，建議挑選**能獲得「沉浸感」與「靈感」的書籍**。也就是開始閱讀後就會一頭栽進去，且能讓人接連不斷浮現點子的書。

推薦類別為「宗教」、「藝術／音樂」以及「奇幻小說／輕小說」。

此外，推薦的**封面顏色是藍色**、**海藍色**。書名、目錄或內文中，若含有「潛在性」、「心」、「同調」、「深入關聯」、「深愛」、「靈感」、「想像」、「理想」、「精神」、

「光」、「究極」、「睡眠」、「靈魂」這類詞語，能提升雙魚座的能量。

推薦的宗教書是手塚治虫的**《佛陀》**。順帶一提，我建議雙魚座閱讀輪迴轉世、因果報應等展現出本質，比之前推薦給天蠍座的「宗教」和「靈性／精神世界」更加深入的宗教書。

在奇幻小說、輕小說方面，推薦奠定了異世界轉生這個小說類型的**《十二國記》系列**，作者是小野不由美。此外，也很推薦不講理不求人的作品**《無職轉生～到了異世界就拿出真本事～》**。

而音樂類作品，則推薦HAROLD作石的樂團漫畫**《搖滾新樂園》**，以及矢澤愛的**《NANA》**。

從雙魚座作家中找出命運之書

雙魚座作家辻村深月的作品**《鏡之孤城》**，描寫在學校失去立足之地的青春期孩子們通過鏡之世界後，再次綻放光彩的故事。每個登場角色各自的故事，以及最後的反轉

雙魚座　命運之書

《佛陀 典藏版》／手塚治虫（台灣東販）

《十二國記：月之影 影之海（上）》／小野不由美（尖端）

《鏡之孤城》／辻村深月（皇冠）

都相當精彩。這本書肯定能夠療癒雙魚座那顆探求本質的心。

在眾多的數祕術之中，丹・米爾曼的**《生命數字全書》**是一本對於解讀數字相當有幫助的書。「1是創造與自信，2是合作與平衡，3是表達與敏銳，4是穩定與程序，5是自由與規範，6是遠見與接納，7是信賴與坦承，8是富足與權力，9是正直與智慧，0是內在稟賦」，光是了解這些數字的意義，雙魚座的潛力就會得到提升。

而漫畫家木城幸人的**《銃夢》系列**，則是透過人類逐漸機械化的故事，來探討「人類的存在意味著什麼」，內容充滿雙魚座風格的深入真理，推薦給各位。

雙魚座的作家、名人

*省略敬稱／括號內為生日

大前研一（2・21）／丹・米爾曼、上山栃（2・22）／中島美雪、百田尚樹（2・23）／史蒂夫・賈伯斯（2・24）／皮耶－奧古斯特・雷諾瓦（2・25）／桑田佳祐（2・26）／辻村深月、赤川次郎（2・29）／芥川龍之介、花　昭（3・1）／米哈伊爾・戈巴契夫、鏡龍司（3・2）／野島伸司、茱莉亞・卡麥隆、中村百合香（3・4）／松山研一、貝爾納・阿爾諾（3・5）／米開朗基羅（3・6）／矢澤愛（3・7）／櫻井和壽、水木茂（3・8）／莎朗・史東、松田聖子、藤子不二雄Ⓐ（3・10）／三木谷浩史（3・11）／吉永小百合（3・13）／阿爾伯特・愛因斯坦（3・14）／武內直子（3・15）／HAROLD作石（3・16）／甲本浩人（3・17）／竹內瑪莉亞、竹中直人、木城幸人（3・20）

提升雙魚座能量的「力量閱讀法」

「優柔寡斷」、「想要斬斷自己並不想要的人際關係」、「想要讓不好的勢頭停下來」、「想要放下憤怒、悲傷、憎恨，讓心靈放鬆」、「難以掌控肉眼看不見的力量」——如果你有這些感覺，就表示你處在缺乏雙魚座能量的狀態。

提升雙魚座能量的「力量閱讀法」，就是活用「鹽」。**閱讀遲遲讀不完的書或一拿起來就覺得不舒服的書時，請試著抓一小撮鹽，放在手掌心搓揉。**如此一來，邪氣就有可能神奇地消失，讓你順暢地讀下去。

從書店或圖書館的區域尋找雙魚座的「能量點」

能量點在「宗教」、「藝術／音樂」和「奇幻小說／輕小說」區域。在此區域不僅有機會遇到命運之書，還能補充運氣和雙魚座能量。

第 3 章

命運之書的「尋找方法」／轉動命運齒輪的「閱讀方法」

在不同地區能遇見不同的書

大家應該差不多想踏上尋找「命運之書」的旅程了吧？

本章將會為你介紹**在書店找書的方法，以及使你的靈魂與書本共鳴增強的閱讀方法。**

「書店就是能量點」、「買新出版的書可以獲得能量」，這些在第一章已經提過了。接著就讓我們來聊聊書店吧。

我非常喜歡書店。因為工作的關係，我需要在各地到處跑，每次出差一定會安排的行程，就是去逛逛當地我喜歡的書店。在新冠疫情爆發之前，除了日本以外，我還會造訪國外的書店。

因為，**每個地區的特色都會呈現在書店的書櫃上。**觀察當地書店的排行榜和地方特有的趨勢相當有趣。

舉例來說，福島縣郡山是明治維新志士的導師「安積艮齋」的故鄉。郡山當地百貨公司ＵＳＵＩ百貨店裡面的**淳久堂書店，就比其他地區擺了更多安積艮齋的相關書籍。**

為了進一步鑽研占星術，我經常會一邊觀察過去歷史事件的星座命盤，一邊驗證那個時代發生了什麼事。這在那時候派上了很大的用場。

我在新冠疫情爆發之前去巴黎的時候，買了好幾本關於數位轉型（ＤＸ）的書。當時，在馬克宏政權的施政方針之下，法國的農業科技相當進步，可是在日本很難買到法國的書，而且商業類書籍的法文翻譯書又比英語翻譯書少。

那時候我去巴黎一家大型書店逛了一個小時左右，翻閱了約一百本書籍，選購法文書。我對法文並不算精通。不過，在四處翻閱的過程中，我就不可思議地逐漸掌握到當地語言的語感，愈看愈習慣。

當時我買了**《La MEGA boîte à outils du Digital en entreprise》**、**《Digital Marketing Insights 2018》**這兩本應該不會被翻譯成日文的書回去。這些書後來在疫情期間的數位行銷策略上發揮了很大的用處。

去中國的時候，發現那裡關於論語、儒教、道教的書比日本還多，於是我常常翻閱這類型的書。

如果是中文的話，由於中文字和日本的漢字有著許多共通點，都是用簡體字或繁體字寫的，所以即便不懂中文，也能在某種程度上想像出書本的內容。

順帶一提，**如果是外文書，一開始建議挑選以圖片或插圖等非文字內容為主的書籍**。由於內文架構是以圖片、插圖來說明大部分的內容，或是針對圖片、插圖本身進行說明，所以比較容易閱讀。

我去旅行的時候總會一不小心買太多書，導致要搭飛機回國的時候行李超重，令我很是煩惱（每次我都會盡可能地把超重的書當成手提行李帶上飛機，拚了老命將它們帶回家）。

你造訪的書店裡陳列著什麼樣的書呢？每個地區的商品陣容都不一樣，每間書店都有只能在那間書店邂逅的書。那個地區現在在追求什麼呢？**我們經常能透過書店的書櫃看出當地人們的生活。**

在你居住的城市，書店裡都擺著什麼樣的書呢？

如何找出你的「命運書店」

開始頻繁逛書店之後，也許就會發現。

即便是要去書店買書，也會有一間讓你覺得「既然要買，就在這裡買」的書店。**人與人之間會有合不合得來的問題，而書店與人之間也有。**咖啡店和餐廳也是一樣，在眾多店家之中，你經常造訪的那間，就是你「不知道為什麼很喜歡」的店。除了料理好吃、CP值高以外，那間店肯定也讓你有一種「很舒適」的感覺。

書店也會有和你合不合得來的問題。其關鍵不在於規模大小，也不是離家近這種地理上的因素。

其中一項因素是**書籍陣容散發出的能量**。當書籍或書店散發出的能量頻率與你的波長非常契合，你自然而然就會想要走進去、想要繞去逛逛。

踏進這樣的書店，會覺得心情很好。**心情變好的原因，正是因為進入書店的人與書店的能量產生共鳴。**

我心目中的「命運書店」，是一間店員很有品味、將書櫃布置得非常好的書店。那間店的書櫃陳列真的美到令人感動。

每次逛的時候我都會感激地想著「他們真的很懂」，湧現一股想把整櫃書買回家的欲望，而且想要的書還會接二連三地映入眼簾。

來到你的命運書店，就能馬上找到現在的自己需要的書。

許多書店雖然空間小、書籍量少，但是能讓人感覺到店裡陳列著許多好書。來到這裡心情就會變得雀躍、興奮！——還請各位重視自己的這些感覺，找出自己中意的那間書店。

如何在書店找出「命運之書」

你會帶著「要去買某一本書」的目的前往書店嗎？

即使沒有具體要找哪一本書，只要在腦中想著「我正在煩惱今後的經營方向」、「想解決我與家人之間的問題」這類**想要解決的問題或「願望」，再瀏覽書櫃上的書，應該很容易就能找到命中注定的那一本書。**如果你正在為了某個困境或問題煩惱，或是覺得缺乏能量，**也可以參考第二章介紹的各星座推薦書籍。**

當然，也很推薦不帶任何目的，在沒有任何預期心理的狀態下，用「總之就去書店逛逛吧」這種輕鬆的心態去逛書店。

接下來，要向各位介紹我現在都是如何在書店尋找命運之書的。

到了書店後，首先要想著自己的「願望」，用縱觀全局的方式瀏覽一遍書櫃整體。如此一來，在茫茫書海之中，就會有一本書突然進入你的視野。那就是宇宙在給你訊息，要你「拿起這本書」。

當這種感覺出現時，就毫不遲疑地拿起那本書翻翻看，這就是找書的訣竅。

拿起那本書後，有可能會感覺它拿起來比目測的重量還要**紮實、沉重，手覺得麻麻**

的，背脊一陣顫慄。另外，翻閱書頁之後，有可能會**覺得正中間的頁面看起來在發光。**

抱持輕鬆的心情逛書店，增加與書邂逅的機會，總有一天就能體會到「該不會就是它」的感覺。

首先，就從拿起任意一本書，試著感受自己身上出現了什麼變化開始吧。

找出散發出彩虹光輝的「彩虹書」

有時候會遇到看起來在發光的書。

那正是要你「拿起這本書」的宇宙訊息。

快速翻閱那本書，會發現正中間的頁面散發著彩虹般的光輝。

我稱這種書叫「彩虹書」。

書為什麼會看起來在發光呢？**因為書本的頻率與自己的頻率處於和諧狀態，正在進行美妙的合奏。**我對這件事的理解是，那份和諧化成了光傳遞給我們。

或許有些人會說「我什麼都感覺不到」，但是這種感應能力每個人都有，可能只是你還沒有發覺罷了。

當我們在看書的封底和封面時，其實心情都會變得稍微開心一點，或稍微興奮一點，也可能反而覺得不舒服。

或許只是至今為止，你都沒有在讀書之前留意「自己拿到這本書的時候心情出現了什麼變化」，所以不習慣而已。

下次拿起書本的時候，試著注意一下自己的心情有沒有出現變化吧，就算只有一點點也好。

另外，也請觀察自己的身體有沒有出現微小的變化。

實際上，應該也有些人會像我一樣，感覺書本比想像中還沉重，或是看見書本在發光。**每個人的情況不一樣，有可能是看到某種影像、訊息化為聲音傳到自己耳中，或是透過觸覺感受到**，有各種不同的形式。

我則是曾經有一段時間看到太多影像，而且讀書後照著接收到的訊息付諸行動，結果太過順利，反而讓我感到有點害怕。

不過，就算「沒辦法從書本上感受到任何東西」，也沒關係。

我的客戶也是在遇見命運之書，養成讀書習慣，開始頻繁造訪書店之後，才逐漸能察覺到這種感覺。

多累積經驗，你的感應力肯定會逐漸變敏銳。

因此，即便現在什麼都感覺不到，也無須擔心。

無論有沒有感應到，對你而言必要的書都會來到你身邊，所以什麼都感覺不到也沒關係。

如何在二手書店與書邂逅

到目前為止，我一直都在推薦各位去書店購買新書。

不過，金錢上綽綽有餘到能夠每個月購買新書的人可能沒那麼多。

我自己在二十幾歲的時候，也沒辦法花這麼多錢在買書上面，所以經常去二手書店買書。我是BOOKOFF的重度使用者，為了尋找書籍跑遍各地的BOOKOFF。

二手書店也具有一般書店所沒有的優點。

一般書店會陳列很多新出版的書籍，但替換的速度也很快，所以就算找到感興趣的書籍，只要過兩週，擺放位置就換了，而且也很難找到好幾年前出版的書。

如果想找幾年前曾經很紅的書，去二手書店會更有機會找到。二手書店還有另一項好處，就是能夠看到一般書店所沒有的書。

我覺得二手書店和一般書店一樣，會很明顯地呈現出地方特色。

舉例來說，如果造訪較多有錢人居住的地區的二手書店，會看到店裡陳列著保存狀態還不錯的學術書籍、美術書籍這類高單價品項，並以一般人可負擔的價格販售。

學生較多的區域則有豐富的大學教科書和漫畫。每家店各有不同的特色，比如有大量的書籍都以一百日圓均一價販售之類的。

在經常光顧二手書店的學生時期，我特別沉迷於商業勵志書，讀了非常多。例如本田健的**《きっと、よくなる！（一定會更好！，暫譯）》**和神田昌典的**《非常識成功法則》**，這兩本都是我很喜歡的書。

我常常會把自己很喜歡的書送給朋友。

當時我會抱著「這本書一定要讓朋友們也看看」的想法，特地多買好幾本，到處送朋友。因為還是學生，所以除了作為生日禮物的書以外，其他時候送的書幾乎都是在二手書店買的。

由於我太常大量購買同一本書，有一次還被二手書店的店員叫住並質問道：「這本書妳已經買過好幾本了吧？」

看來是被店員誤當成「黃牛」了。

我雖然說明了事情原委，但對方並不相信。

不久後，我就被那間中意的二手書店列為「拒絕往來戶」了。曾經有過這麼一段悲傷的往事。

現在我去二手書店的機會沒有以前多。

不過，在企業諮詢的工作中，思考行銷策略時可能會需要蒐集當地的資訊。現在需要調查某個業界的特定領域的時候，或是需要觀察業界過去動向的時候，我仍會積極利用二手書店。

為在圖書館或二手書店找到的書籍進行簡易「淨化」的方法

對於沒什麼錢買書的學生，或是不想增加家中物品的人來說，圖書館和二手書店是非常棒的選擇。

各位在圖書館借書，以及在二手書店買書的時候，要稍微留意**「書已經被很多人碰過」**這件事。

先前說過書本裡蘊藏著能量。圖書館和二手書店裡的書出於經過很多人的手，所以**無論是好是壞，裡面都有可能帶有某人的能量**。關於這一點，其實可以不用太過在意。

不過，還是有些人會介意吧。拿起書後覺得有點怪怪的，有種不好的感覺。有些人會因此不想從圖書館借書，或是在二手書店買書。其實，我也屬於會有點介意的那類人。

可是有時候書籍已經絕版，我又非要那本書不可。遇到這種情況時，建議各位稍微為書本「淨化」一下。

先把書放下，拍兩下手，祓除邪氣。就像是去神社參拜時拍手那樣。

如果還想進一步淨化的話，請按照下述方式進行。

把一張約A４大小的白色影印紙或半紙、面紙之類的紙放在書上。在上面堆一些鹽，靜置一個晚上。這樣淨化就完成了。

藉由這個方法，可以為某些給人不好感覺的書祓除邪氣。

如果邪氣很強，隔天早上壞能量會被鹽吸收，紙摸起來可能會有點濕濕的。

用這種方式淨化書本後，就能在比較乾淨的狀態下讀書。這能幫助我們吸收那本書原本具備的好能量。

實現願望的「星座書籍閱讀術」

到目前為止，說了很多尋找書本的方法。

第二章也以「轉動十二星座命運齒輪的書」為題，介紹了能夠撼動靈魂的書。

接下來我想傳授各位一種**能幫助我們有效吸收書本能量的「讀書法」，名為「星座書籍閱讀術」**。這個讀書法的重點只有一個。

那就是先在心裡想好「願望（要問的事）」。

就只是這樣而已。是不是世界上最簡單的方法？（笑）

自己現在想知道什麼？想解決什麼事情？事先想清楚自己的「願望」。這也能夠運用在選書的時候。

讀書之前先在心裡想好願望的話，就算不把整本書讀完，你也一定會接收到必要的訊息。

因為先在心裡想好「願望」，你也會做好接收訊息（或是能量）的準備。所以**採用「星座書籍閱讀術」時，不用把整本書從頭到尾讀完也沒關係。**

我在第一章也提過，「書本不需要從頭到尾讀完也沒關係」。**快速翻過整本書，然後隨機打開一頁，從該頁開始閱讀也沒問題。**當然也可以從第一頁看到最後一頁，從頭到尾讀完。

此時獲得的答案會根據你心裡所想的願望而有所不同。比起「怎麼做才能得到幸福？」這種籠統的願望，**在心裡想著更接近具體「提問」的願望，會更容易得到訊息。**

舉個例子，假設你正在為了職場人際關係而煩惱。你覺得自己總是被其他人的意見帶走，沒辦法按照自己的意思做事，或是沒辦法以自己的方式採取行動。

遇到這種情況時，請在心裡想著「為了讓自己在做事的時候充滿幸福感，該採取哪些具體的行動？請告訴我三個」這樣的願望，然後開始讀書。

讀完之後，留下印象的內容就是提示。

或者，也可以採用先前介紹過的，快速翻閱書頁後隨機打開一頁的方式閱讀。

在心裡想好願望，快速翻過整本書，然後隨機翻開一頁，並且只閱讀那一頁。**此時立刻映入眼簾的一行字，或寫在上面的一句話，都有可能成為某種提示。**

也很推薦將願望寫在便條紙上，貼在翻開的那一頁。幾個月後再打開來看，也許會發現願望已經在不知不覺中實現了。

用「星座書籍閱讀術」閱讀，能夠多收穫好幾倍的能量！

在心裡想好願望，開始讀書後，經常會看到一些剛開始會令人感到抗拒的句子。要形容的話，就像是早上睡到不能再繼續睡下去的時間，心裡想著差不多該起床的時候，爸媽正好叫你「快點起床」的感覺。

在頭腦已經理解，但內心還在抗拒的狀態下，我們會不想直視某些話語。

而且，問題的答案愈是直接，或許愈容易讓人感到「難以接受」。

還不習慣的時候，你可能會感到困惑；**習慣之後，就能逐漸將這些答案當成朋友給的建議般自然而然地接受。像這樣在心裡想好願望後，再去尋找答案，用「主動」的方式閱讀。**

這就是能否好好活用書籍能量的分水嶺。
請各位實際試試看「星座書籍閱讀術」。你將能體會到和被動閱讀的時候完全不一樣的讀後感。

利用早晨的翻書占卜預測並改變接下來的一天

各位聽過「翻書占卜（Bibliomancy）」這個詞嗎？
這是一種從古羅馬時代流傳至今的占卜術。Biblio指的是「書籍」，mancy指的是「占卜」，中文一般稱為「翻書占卜」。
以前書籍都是選用「聖經」或「詩集」，透過**隨機翻開其中一頁，選出一個詞語或段落**來占卜。沒錯，就和前面提過的「快速翻閱書頁然後隨機打開一頁」的方法是相通的。

推薦各位在早上剛起床的時候進行翻書占卜。

雖然以前的翻書占卜都是使用聖經或詩集，不過其實用任何書籍都可以。**試著用看早晨情報節目的占卜單元，或雜誌的星座占卜這種輕鬆的心情，在心裡想好「願望」，翻開自己喜歡的書。**

早上怎麼過，接下來的一整天就會怎麼過，這麼說可是一點也不為過。這件事是有科學根據的。「早上接收到的情報會決定一天中大半的事情」也是認知心理學中相當著名的現象。

方法很簡單，**只要起床後從書櫃選一本喜歡的書翻開即可。**事先把書擺在床邊，早起床後馬上翻書效果是最好的，在出門前這段梳洗準備的時間翻書也沒問題。

稍微看一下隨機翻開的頁面，或是映入眼簾的一句話。**不用做到閱讀的程度，只要**

「看」一下就好了。就算是沒時間或不擅長讀書的人，應該也能輕鬆地用這種讀書法看書吧？

此時也不要腦袋空空地翻書，請先在心裡想好願望。只要想著「我想度過開心的一天，請給我一些提示」這種簡單的願望就可以了。

舉例來說，如果你今天想要保持專注、認真工作，可以問「為了這個目的，我該注意哪些事」；如果今天想要悠閒度過，就問「想要悠閒放鬆，有沒有推薦的地方」，諸如此類，提問的方式是很自由的。

也很推薦各位將那天選擇的書當成夥伴隨身攜帶，在通勤搭電車的時候重新讀一遍，或是在休息時間翻開來看看。

如何解讀書籍「傳達給你的訊息」

「隨機翻開書本其中一頁」的占卜，根據書籍類型，有時候會翻到難以解釋的頁面。

接著就來講解如何解讀翻出來的頁面。

如果隨機翻開書，翻到**目錄**的話，請把整個目錄瀏覽一遍。接著再重點閱讀其中令你莫名在意的話語，或吸引你目光的地方。

有時候也會翻到章節開頭的扉頁。依我個人的經驗來看，這通常是在告訴你**「這一整章都很重要」**。請深入探究那一整章的大主題，或其中令你在意的主題。

順帶一提，如果遇到與自己非常有緣的書，有可能會翻到扉頁或空白頁面。**如果翻到扉頁，非常有可能是因為你與這本書很有共鳴，因此也很推薦找個機會重新讀一遍這**

本書。

小說的話，依場面而異，有時候也會翻到難以解釋的頁面。

遇到這種情況時，**請關注隨機打開的那一頁所寫的「事件」。**如果是角色要前往某處的場面，也許可以接收到「現在是行動的好時機」或「向前邁進」之類的訊息。閱讀的時候請注意誰採取了什麼樣的行動、說了什麼話。

與該行動有關的事情，有可能會在接下來的一天中再現，做與該行動有關的事也許能帶來某種正面的變化。

舉例來說，如過看到主角在吃義大利麵，那麼你那天午餐就吃義大利麵，採取這種單純的行動就可以了。**光是採取平常不會做的行動，行動就會產生多樣性，提升運勢。**如此一來，就可能以此為契機，產生某種正面的變化。

我喜歡歷史小說，經常讀宮城谷昌光的作品。

某天早上，我用描寫孔子故事的**《孔丘》**來進行「隨機翻書」占卜。

翻開的那一頁，有個橋段是角色從別人手上獲得書籍。

結果那一天，還真的有人送我書籍，是個能明顯體會到「書籍能量化為現實」的日子。

此外，在事業不太順利的時期，我曾經隨意翻開同一位作者的歷史小說，此時立刻映入眼簾的一句話「我是不是因為不得志而心煩意亂，遺失心中的大義了呢？」給了我一個當頭棒喝。這句話完全說中我現在的狀態，讓我重新找回了初衷。

順帶一提，歷史小說裡面會有痛苦的場面。不過，那也是在告訴我們過去的偉人是如何克服逆境的。生活在現代的我們能從很多場面中獲得訊息，在早上閱讀，可以得到許多幫助我們度過美好一天的提示。

如果隨機翻開的那一頁描寫的是負面場面，我們都會不希望今天一整天變成這樣，所以感到有點擔心，對吧？。

但是無須擔心。只要用正面的角度看待就行了。

看到失敗或遭人背叛等難過的場面時，請在自己心裡重新建立正面的印象，比如「要是這樣就好了」、「要是這麼做的話，事情也許會更順利」等等。

這種以正面角度看待事情，用理想場面覆蓋負面場面的行動，應該也會成為幫助你積極面對人生的提示。

也有人喜歡看恐怖小說或懸疑小說吧。不過，這類小說裡面的負面場面太多，我個人覺得不太適合用在以補充能量為目的的早晨閱讀上。

如果你無論如何都想看，一開始先盡量用能得到正面訊息的書嘗試幾次，等到你有能力將負面的事件解讀出正面意義後再去挑戰。

透過分享讓書的能量循環，能夠提升運勢

我現在都會把在意的書全部買下來。買了又一下子就讀完，於是書本愈積愈多。

我的家裡和辦公室都有書櫃，由於想把喜歡的書同時擺在兩個書櫃，所以我經常會同樣的書買個兩、三本。

我估算自己的**藏書大概有四萬本左右**。可是再繼續買下去的話，就要沒地方放了，這一點必較難處理。所以我會使用能夠將物品整箱寄放的「sumally pocket」、「minikura」等服務。

不過真的沒辦法的時候，還是會定期處理掉一些。

至於我是怎麼處理不要的書籍呢？**我會把讀完的書送給需要那本書的朋友或熟人，或是整理好後捐贈給認識的共享辦公室**（當然，送出去的書大多都是非常新的）。

書本裡充滿作者想傳達給大家的訊息。

將那本書送給某人，就可以幫作者將作品裡的訊息傳遞給更多的人。

不僅如此，**由於書是具有能量的個體，將書送給某人，能量就會流動，讓能量順利循環起來。**當能量的循環變順暢，你也會變得與書更有緣，提升遇見好書的機率。

有人說過，金錢也是一種能量。由於金錢也是能量，所以據說讓金錢循環起來，你與金錢也會變得更有緣。

書本也是相同道理。

而且，「與書本邂逅的運氣」也會確實上升。

書籍是以作者為首的許多人灌注心血製作出來的，我想要懷著敬意對待它們直到最後一刻。

第 4 章

新月、滿月
以及水星、金星逆行的
讀書術

何不在與宇宙節奏共鳴的狀態下讀書呢？

我們每天都會受到宇宙天體的某種影響。

這一章就來介紹搭配天體動向的推薦讀書法吧。

話說回來，為什麼我們會受到離我們那麼遠的天體影響呢？

舉個例子，假設你面前有一支蠟燭，你用手圍著火焰就會感受到熱氣，手拿開就感覺不到熱氣了。

這與簡單明瞭的太陽作用相同。我們會覺得夏天炎熱、冬天寒冷，都是太陽與地球的距離改變所致。

就像我們會受到太陽的各種影響一樣，其他行星也會帶給我們某些影響。

尤其是**和地球關係最緊密的月亮，月亮帶給我們的影響不可估量。**

實際上，漲潮與退潮的現象也是由月亮所引起的。

連地球整體都受到這麼大的影響，人體當然不可能不受影響。

有人說新月的日子會有比較多新生兒誕生，滿月的日子會有比較多人死亡；也有人說身體狀況會隨著月亮的陰晴圓缺而變化。

新月與滿月的周期約為兩週。就像新月和滿月的時候月亮的形狀會不一樣，地球所接收到的能量也會有所不同。

其實，依循月亮陰晴圓缺的循環行動，能夠提升運勢。

和宇宙的節奏共鳴，會更容易跟上運氣的波動。

尤其推薦大家在與宇宙節奏共鳴的狀態下讀書。這一章將會傳授大家與宇宙節奏共鳴的讀書法。

新月時透過「新書」或「買了還沒看的書」展現全新的自己

那麼，就讓我們趕快進入正題，來談談在什麼樣的天體狀況下，要讀什麼樣的書，才能和宇宙節奏產生共鳴吧。

首先是新月。**新月就是夜空中看不見月亮的狀態。**

此時太陽、月亮、地球排列成一直線，從地球視角能看見的月亮部分，照射不到太陽光，所以從地球上看不到月亮。

在新月時看不見的月亮，會逐漸受到太陽光照射，經過眉月、上弦月的階段，最終變成滿月。我們都是依照這個循環在生活的。

這也代表，新月會以滿月為目標逐漸滿盈，是「起始之時」。

有一件事在行銷業界相當有名，就是在新月的時候發送電子報、促銷信件或DM，購買率會比較高。

新月的時候，很多人都會不可思議地想要做點什麼。

這一點放在讀書上也是一樣。

新月是最適合入手新書的時機。

如果平常沒有逛書店的習慣，建議你在新月的日子前後去書店逛逛。搞不好會遇到為你打開全新閱讀世界大門的書。

平常就有在讀書的人，**也可以閱讀還沒讀過的「新買的書」以及「放了很久還沒看的書」**。

另外，在此時前往以前沒接觸過的新領域書區逛逛，也是個不錯的選擇。就算是完全不感興趣的領域，也有可能會遇到一本讓你從此覺醒的書。

當然，也不必堅持一定要在新月當天購買新書。

在下一個滿月來臨之前，**審慎評估、挑選出一本自己想花兩週時間好好閱讀的書，這就是最適合新月的讀書方式了。**

在此介紹我的新月讀書法，供各位參考。

這部分之後還會詳細說明，總之月亮每隔兩天就會移動到下一個星座。

首先，要調查這個月的新月會落在哪個星座的位置。接著，**選擇那個星座作家的作品，在新月的日子讀書。**

舉例來說，在牡羊座新月的時候，我會讀中島京子的書；在金牛座新月的時候，我會讀西加奈子的書……大概就像這樣。事前查清楚以前讀過覺得不錯的作家的生日，就能在某種程度上決定好新月前後的日子要讀哪一本書。

順帶一提，在提筆寫這本書的稍早之前，二〇二二年十一月的時候，是天蠍座新月，金牛座滿月。

我選擇了天蠍座作家北方謙三的**《チンギス記　十四（成吉思汗紀　十四，暫譯）》**。而滿月的時候，我突然非常想看金牛座漫畫家富堅義博的**《HUNTER×HUNTER獵人》**和**《幽☆遊☆白書》**，於是一口氣把它們讀完了。

第二章依照星座介紹了許多作家，請各位務必前往參考。

至於閱讀方法，由於到下次滿月來臨前有兩週的時間，可以花這兩週來好好閱讀一本書。

也可以每天都讀個幾頁，就像月亮逐漸滿盈一樣，讓書中的話語逐漸滲透到自己心裡。

此外，也很建議採用與平時不一樣的閱讀方法，比如嘗試自己一直想試試看的速讀法，或是一邊劃線一邊閱讀……等等。

改變閱讀方法，接收到的訊息有時候也會不一樣。

自己最適合哪一種閱讀方式呢？享受一下多方嘗試的樂趣吧。

滿月時重新閱讀手邊的書籍，提升運勢

看著在夜空中閃耀的滿月，會產生一種特別的情緒。

滿月也是太陽和月亮重疊在一起的狀態。不過位置和新月的時候相差了一百八十度，是太陽和月亮隔著地球面對面的狀態。

滿月是收穫成果和表達感謝的時間。

過了滿月之後，月亮就會開始由圓轉缺，**因此正是拋棄不需要的東西的好時機。**

這時候很適合「回顧」過往，以及對過去「表達感謝」，因此和新月邂逅新書正好相反，**建議重讀手邊已經擁有的書或是之前讀過的書。**

若是有人問你：「你喜歡哪一本書？」此時第一個浮現在你腦海的書是哪一本呢？

想反覆讀好幾遍，想要把這本書放在手邊——請把這種自己非常重視**但平常很少會重讀的書，於滿月的時候拿出來重讀一次。**

重讀一遍，會讓我們想起自己為什麼喜歡這本書，喚醒那份被遺忘的心情。此外，也可能會發現和以前讀的時候不一樣、現在的自己才有辦法察覺的事情。

我有一個朋友表示，最撼動他靈魂的一本書是維克多・弗蘭克的**《活出意義來》**。他說，雖然他覺得那是自己的命運之書，但卻一直把它放在書櫃裡，沒再拿出來重讀過。

然而，在某次滿月時，他時隔好幾年重新讀了一遍那本書，然後被某個場面感動到了。那是主角在強迫勞動的過程中，被壯闊的夕陽景色打動的一幕。據他所說，重讀這個部分，讓他體會到了不一樣的感覺。

想著「我要實現夢想」，為了滿足願望而採取行動並努力向上是非常重要的，不過，**關注目前已經實現的事情、已經獲得的東西也很重要。**

實現了過去曾經非常憧憬的事情，開始視其為理所當然之後，會很容易忘記感激和感謝的心情。

趁滿月的時機回顧過往，會發現當時期望的事情已經成為了現實，自己現在過的很幸福。

就像這樣，在滿月的時候帶著對現在擁有之物的感謝，重讀手邊的書，將有助於提升運勢。

根據新月、滿月來到哪個星座的位置來選擇要讀的書籍

「今天是金牛座新月。」「這次是天蠍座滿月。」

最近會在社群平台上看到這樣的說法。

之前說過，新月和滿月會以每兩週一次的周期到來。

月亮每天都會移動到某個星座的位置。

宇宙裡的每個天體，都會依照各自的步調巡迴十二星座一輪。

太陽會用一年的時間巡迴十二星座一輪，因此停留在每個星座的時間約為三十天。

另一方面，月亮的移動速度則比太陽快上許多，**約二十七天就會巡迴十二星座一輪。也就是說，月亮大約一個月就會走遍十二星座**，因此計算下來，停留在一個星座的時間只有兩、三天。

月亮停留在不同的星座上，對我們造成影響的能量也會改變。在新月、滿月的時候，太陽與月亮重疊，這時候能量特別強烈。

假設此時新月位在牡羊座。

牡羊座是十二星座的起始星座，所以比較容易帶給我們當某件事要起步、開幕、即將展開行動的時候，在背後推我們一把的力量。

在這個時間點，閱讀第二章的「牡羊座篇」介紹的領域的書籍，有可能會獲得推動新事物的好機會。

接著，當月亮移動到金牛座之後，會帶給我們像牛一樣一步一腳印踏實推動事物、讓事物穩定下來的力量，因此請讀一讀「金牛座篇」介紹的領域的書籍。

掌握月亮位於哪個星座的位置，並好好運用每個星座的影響力，就可以搭上當下最合適的浪潮。

所謂的「運氣好」，就是指時機剛好。只要搭上最合適的浪潮，輕鬆往自己的目標前進就好了。

第二章介紹了每個星座各自具備的能量。

除了自己的星座以外，也調查一下月亮現在停留在哪個星座上，閱讀該星座相關主題的書籍，就可以搭上合適的浪潮。

讓事物停滯的「天體逆行」是什麼？

在宇宙裡的所有天體之中，只有太陽和月亮不會逆行。

而其他的天體有時候會逆行。最近經常聽到有人在說「水星逆行」，所以知道的人應該不少。

所謂的逆行，意思是星體逆著本該前進的方向移動。實際上，**天體「逆行」**並不是天體真的在逆向移動，只是**從地球上看起來，像在往反方向移動而已**。

由於天體不是順向移動，所以我們會覺得沒辦法好好發揮能量，或是感覺能量處於停滯、逆流的狀態。因此，**這個時期事情經常會停滯不前**。

因為這種能量的影響，我們自己的意識也會更容易聚焦於過去，而非未來。比如說，可能會想起遭遇挫折的回憶，陷入沮喪。不過，如果想成那時候就是註定會發生那件事，是否會感覺心情好一些呢？

各天體逆行的時間和期間如下所示。

水星約每四個月逆行一次，約持續三週。公轉週期為八十八天。
金星每一年七個月逆行一次，持續六週。公轉週期為二百二十五天。
火星每兩年逆行一次，持續兩個月又兩週左右。公轉週期為六百八十八天。
木星每一年逆行一次，持續四個月左右。公轉週期為十二年。
土星每一年逆行一次，持續四個月又兩週左右。公轉週期為二十九・五年。
天王星每一年逆行一次，持續五個月左右。公轉週期為八十四年。
海王星每一年逆行一次，持續五個月左右。公轉週期為一百六十五年。
冥王星每一年逆行一次，持續五個月左右。公轉週期為二百四十八年。

每個行星會對不同的事物造成影響。

水星影響智慧、知識、溝通、移動、思考。

金星影響美與豐饒、金錢、戀愛、官能。

火星影響行動、憤怒、紛爭。

木星影響擴大與成長、增加、繁殖、幸運、信賴。

土星影響困境與問題、規則、社會框架、制約。

天王星影響創新、革命。

海王星影響靈感、潛在性。

冥王星影響生死。

在這之中，對我們的日常生活影響較大的是水星、金星和火星。

接下來將針對水星與金星，詳細說明逆行會發生什麼事，以及這個時期建議採用的讀書法。

水星逆行時再次挑戰以前看不懂的書

水星是智慧的行星。主要掌管智慧、知識、溝通、移動、思考。因此**在水星逆行的時候，容易發生訊息傳達、溝通或交通相關的問題。**

此外，由於現代有很多半導體或電腦這類象徵智慧的電子產品，在水星逆行的時候，**也很容易發生訊號不通的問題。**

我以前有一段時間不相信水星逆行的能量，但是因為好幾次在水星逆行的時候嘗到苦頭，所以現在會多加留意了。

舉個例子來說。

我曾經在和某個一直以來都保持著良好關係的業者共同推行一個大型案件，然而雙方卻因為在水逆時說出口的話而決裂。對方單方面和我斷絕聯繫，站在我的立場來看，是一件不講道理又不合情理的事。

雖然不清楚當初到底發生了什麼事，但是過了幾個月後回想，**我才發現「原來當時是水星逆行啊」**。由於當時投入了許多勞力與金錢在那個業者上，所以損失慘重。

回頭想想，**在水星逆行的時候，就算覺得自己說的話是為對方好，對方聽起來也會覺得刺耳**。即便當下沒有出事，在水星逆行結束之後，也會發現當時的對話已經造成了問題。

由於水星也是掌管溝通的行星，因此一定要注意自己的發言。

無論是在工作上和私生活上，我都遭遇過好幾次類似的挫敗。

現在，在客戶理解水星逆行的前提之下，我和客戶間建立了一個體制，那就是即便對彼此說出了傷人的話，或是在溝通上產生誤會，**「都歸咎於水星逆行」**，在逆行結束之前暫時保持距離。多虧了這個體制，就算出了狀況，也比以前更容易與客戶保持良好關係。

讀到這裡，你或許會覺得逆行很危險、很可怕。不過，水星逆行並不是只有壞的一面。

逆行具有「再」的能量。只要好好利用這個「再」的能量，事情就會往好的方向發展。

水星逆行時，溝通和智慧中會加入「再（Re）」的能量。是非常適合「再會」、「再續前緣」、「重新挑戰」、「重新開始」、「重新學習」、「重新閱讀」、「複習」的時機。

因此，在水星逆行的期間，可能會有好幾個月、好幾年沒聯絡的老朋友突然聯絡你，或是在街上偶遇。

就讓我們利用水星逆行的能量來重讀一遍書吧。

建議各位把過去讀過的書、**讀到一半的書，或是遭遇挫折而沒讀完的書拿來重讀。**

類型方面，由於水星代表人際關係和智慧，所以**溝通相關的書或思考類的書應該會帶來好的影響**。

我自己會在此時重讀**能夠回歸自己的人生哲學和自我核心**的書，例如詹姆・柯林斯的《基業長青》、詹姆斯・艾倫（James Allen）的**《你的思想決定業力》**，以及稻盛和夫的**《生存之道》**等等。

而人際關係方面的書，我則會讀艾德・夏恩（Edgar H. Schein）的**《人を助けるとはどういうことか（助人一臂之力，暫譯）》**和**《謙虚なコンサルティング（謙遜諮詢，暫譯）》**，「重新調整」人際關係的距離感。

我的個性很雞婆，經常不小心過度干涉別人的人生而把事情搞砸，所以都會在這個時間點讀書自我反省。

水星是掌管資訊的行星，因此有時候我們可以從重新挑戰的書中獲得自己想知道的訊息，或是想起一度遺忘的重要事情。

此外，由於水星並非正常移動，所以我們有可能會產生平常想不到的點子或主意，或是找到想做的事情。

而這些想做的事情、想要重新挑戰的事情，此時只要先著手一點點就好，等到逆行結束後再正式開始行動。

金星逆行時閱讀關於愛、財富以及美的書籍

金星逆行的時候，戀愛或伴侶關係、付款或投資等與金錢相關的事情容易出問題。由於愛的能量與我們大有關係，所以**與家人、朋友、男女朋友、親密之人的人際關係較容易出狀況。**

尤其是戀愛方面，這時候情侶之間很可能會出問題。本來進展順利的結婚計畫有可能會停滯不前。

另外，此時在金錢方面也不適合展開新的事情。**在這個時期，必須多加留意付款延遲、銷售額停滯、款項未入帳等金錢交易相關事務。**

這個時期容易因一時興奮而亂花錢，因此經常會渴望得到平常不會去注意的東西，進而不小心衝動購物，或是未經深思熟慮就出手投資等等。也很容易發生弄丟錢包這類瑣碎的問題，要多加留意。

當然，金星逆行與水星逆行一樣，都具有「再（Re）」的好處。

由於在逆行期間，注意力容易放在過去，因此金星逆行**對想要「復合」的人來說是個大好時機。**

只要你採取行動，比如久違地嘗試聯繫對方、一起去兩人以前常去的店等等，金星逆行就會助你一臂之力。

還有可能拿回以前借給朋友的錢，或是意外找到之前以為弄丟的高價物品。

而金星逆行時的讀書方法和水星逆行時一樣，與其閱讀特定的新書，更建議重讀以前讀過的書。

金星代表愛、財富以及美，因此可以回顧一下以前讀過的這類型的書。

當然，也可以運用「星座書籍閱讀術」，在心裡想好願望，再挑選這個類型的書來閱讀。若是採用此方法的話，我推薦以下幾本書。

選用恰克・史匹桑諾的**《會痛的不是愛》**的話，在心裡想好戀愛或伴侶關係相關的問題，「快速翻閱書頁後隨機打開一頁」，就能從三百六十五個項目中，找出你現在該留意的提示。

要學習如何經營伴侶關係的話，我推薦約翰・葛瑞的**《男人來自火星，女人來自金星》**。

至於金錢方面的不朽名作，則有博多・薛弗的**《小狗錢錢》**、股神華倫・巴菲特的老師——班傑明・葛拉漢的**《智慧型股票投資人》**、大衛・克魯格（David Krueger）的

《お金のシークレット（錢的祕密，暫譯）》、本田健的**《お金のＩＱ お金のＥＱ（金錢ＩＱ與金錢ＥＱ，暫譯）》**、本多靜六的**《我的庶民養錢術》**。

到目前為止，我們都在談水星逆行和金星逆行。

而其他的行星逆行也各具意義，「火星逆行」時期，行動會停滯不前，需要重新審視自己的行動；「木星逆行」時期，成長幅度會趨緩、停滯，因此要放鬆休息一陣子；「土星逆行」時期，一直以來逃避的問題、必須立刻處理的問題都會浮上檯面。

正因如此，就讓我們一起花時間好好讀書吧。另外，**水星逆行的時候電車經常誤點，所以最好預先做點準備，比如把還沒讀過的書放在包包裡隨身帶著。**

逆行時期是進入下一個階段前的準備時間。

把逆行當作重新審視自己的價值觀和人際關係的好機會，好好利用這段時間吧。

最後，如果發生什麼不好的事，**就當作「都是行星逆行害的」，轉換心情吧。**

第 5 章

行星告訴我們的
未來閱讀法

行星告訴我們的未來事件

透過占星術預知未來──

要是這麼說，大家可能會覺得很不科學。不過，如同上一章開頭所說，我們會受到行星動向的影響。

地球的氣溫會隨著太陽黑子的動向而改變。

如果地球溫度下降，進入冰期，農作物就會歉收，出現農產品不足和價格水漲船高的現象。歷史上也曾因為大規模的農作物歉收而引發戰爭。

一旦發生戰爭，人們就會為了開發出能打贏敵人的兵器而開始發展新技術。雖然很諷刺，但這種技術革新也加速了人類的進化。

黑子變化的周期約為十一年，以中長期來看，約五十年會出現較大的變動。**俄羅斯經濟學家康德拉季耶夫比較了經濟的變動後，提出「長期波動說」，表示景氣會以五十年為一循環。**

把這個想法推廣到全世界的人，是人稱創新之父的經濟學家約瑟夫・熊彼得。而透過熊彼得的理論，將之進一步普及化的人，則是現代管理學之父彼得・杜拉克。

這個循環就稱為**「康德拉季耶夫周期」**，是進行經濟預測時的基本思想之一。

我在為企業提供諮商服務的時候，**不只利用占星術，也加入了康德拉季耶夫周期的概念來預測未來。**

我是藉由觀察太陽黑子，以及占星術的十個天體……太陽、月亮、水星、金星、火星、木星、土星、天王星、海王星、冥王星的動向，來預測未來會發生的事情。

康德拉季耶夫周期和占星術運用的方法雖然不一樣，但兩者最終都是在觀察「生活在太陽系的地球上的我們」，所以作為兩者共通點的「周期」一定是存在的。

接下來，我會講述關於**我對未來的預測，以及我們要讀什麼書，才能為將來做好準備。**

木星和土星重疊時會發生什麼事？

這幾年，有一件事在占星界掀起了討論。

那就是二〇二〇年十二月二十二日，木星與土星重疊的「大合相」。

木星的公轉周期為十二年，土星為二十九・五年。周期比約為二比五，**從地球上看過去，這兩顆行星二十年才會重疊一次。這種現象稱為「合相」。**

而木星與土星重疊，代表時代來到轉捩點，因此稱為「大合相」。**出現合相的時候，整個宇宙都會充滿非常強大的能量。**

不僅如此，在二〇二〇年的大合相中，還發生了持續兩百年的**「土元素時代」轉入「風元素時代」的「大轉變」。**

應該有很多人知道，「土元素時代」就是注重物質、財產、金錢、地位等有形東西的時代。**接下來「風元素時代」的關鍵字則會變成自由、資訊、共享、體驗等肉眼看不見的富足。**

從人們重視的價值觀為「物質」的時代，進入「心靈」的時代，我們的生活也會慢慢出現變化。簡直就像是舊時代崩壞，進入新時代。

上一個「風元素時代」，正好對應到日本的鎌倉時代。

風元素時代從一一八六年開始，剛好是「武家社會」正式形成的時間點。而這次的「風元素時代」一直持續到室町時代前半期。有興趣的人可以去查一下這個時代發生了什麼事，我想各位看了應該就會理解。

有鑑於上一次的「風元素時代」，我們可以預見在這個從二〇二〇年十二月底開始的新的「風元素時代」，世界也會發生巨大的變化。

例如，有可能會發生下列的事情。

・所有權轉移
・過去的權力體制崩壞，社會體制變動
・全新的生活方式、思想體驗的變化
・個人發表的訊息會影響到後世

湊巧的是，二〇二二年的ＮＨＫ大河劇正好是以上一個「風元素時代」為故事背景的《鎌倉殿的13人》。

即便已經知道現在是新的「風元素時代」，還是可以透過描寫日本從公家社會轉變為武家社會的書籍，或是調查莊園制度、鎌倉時代的成立與變遷，感受到全新的風元素時代氣息。

作為時代轉捩點的二〇二四年與二〇三三年會發生什麼事？

這幾年來，由於新冠疫情的影響，線上化急速進展。

我也有過無論我想不想，都沒辦法維持現狀，必須得做出改變的經驗。我們已經進入「風元素時代」，巨大的變化已然開始，各位應該都實際感受到了。

不過，**「風元素時代」要到二〇二三年三月才算真正開始**。

在這一年，冥王星將會時隔十五年移動星座。掌管變化的冥王星會從原本的摩羯座移動到屬於「風象星座」的水瓶座。

冥王星會在二〇二三年春分剛過的三月二十三日～六月十四日短暫進入水瓶座，再逆行回到摩羯座，**接下來從二〇二四年一月二十一日到二〇四三年三月七日都會停留在**

水瓶座。

冥王星的公轉周期為兩百四十八年。上次冥王星停留在水瓶座已經是一七七八年～一七九八年的事了。

說到這個時期，就會想到發生法國大革命的一七八九年。

一七九六年，中國清朝發生祕密民間宗教組織白蓮教教徒發起的農民起義，雖然最後成功鎮壓，但這場長達九年的戰爭也導致了清朝的衰退。

這個時期的日本也發生了江戶時代的天明大饑荒以及民變，影響到日後江戶幕府體制的崩壞。

水瓶座意味著先進與新時代，所以冥王星進入水瓶座，就會迎來新時代的轉捩點。

接下來，二〇三三年冥王星和木星會在水瓶座合相。

二〇三三年，是伊勢神宮要進行式年遷宮的那一年。

搞不好到時候現任天皇會退位，更改年號，就像平成過渡到令和的時候一樣。

我們採行至今的資本主義，是在上一次水瓶座時代形成的模式。

因此，當冥王星又繞了一圈回來，**資本主義這個經濟體制也許會轉變為下一種體制。**

每個人都在摸索「生活方式」的時代暢銷書

現代日本的歷史，是從一九四五年二戰戰敗後開始的。

戰敗之後，該如何在接下來的時代生活呢？當時的日本人都對「生活方式」感到迷惘。

以當時的暢銷書——西田幾多郎的《善的研究》為首，人們試圖從哲學書中尋找答案。

對生活方式感到迷惘的時候，我們可以從書中尋找出路。

在三一一大地震之後，岸見一郎與古賀史健合著的**《被討厭的勇氣》**，以及近藤麻理惠的**《怦然心動的人生整理魔法》**成了暢銷書。

同理，經過了新冠疫情，過往的常識被顛覆、看不清未來的現在，我們該如何生活下去呢？我想應該有很多人停留在原地，止步不前吧？

實際上，觀察新冠疫情開始逐漸趨緩那段時間的暢銷書，會發現人生哲學書的銷售量急遽攀升。

二〇二二年～二〇二三年有一本暢銷書叫**《人生4千個禮拜》**，作者是奧利佛・柏克曼（Oliver Burkeman）。這本書的內容不是單純的時間管理技巧，而是在告訴我們該如何看待時間、如何生活。

接下來十年的「未來劇本」很重要

我寫這本書的時間是二〇二三年。十年後就是先前提過的時代轉捩點，二〇三三年。接著就來談談，未來十年我們該往什麼方向努力吧。

為此最重要的事情，就是懷抱「願景」。

就讓我們來準備接下來十年的「未來劇本」吧。

二〇二三年之後的行星動向，也顯示編寫「未來劇本」這件事是「好」的。

編寫「未來劇本」，就是思考自己十年後想要變成什麼樣的人，「勾勒自己的人物側寫」。

當自己的年齡比現在大十歲的時候，處在什麼樣的狀態，會讓自己覺得滿意、富足與幸福呢？

請先想想看，如果持續走在目前的跑道上，自己未來的最佳情況會是什麼狀態。另外，現在有從事副業或有某種興趣的人，請思考看看如果自己轉換到非本業的其他跑道，最好的情況會是什麼。

未來劇本可以有很多種版本。

任想像自由馳騁，思考依照這個模式走會如何？往這條路走又會如何？像這樣試著描繪好幾種人物側寫也很不錯。

我們不知道哪一個劇本會真的實現，最後實現的劇本也有可能不只一個。試著想出兩個版本，**搞不好實現了一個之後，另一個也會實現。**

現在最重要的是向宇宙清楚表達自己的意志。

三十歲以後，請參考自己星座的「下一個星座」

勾勒十年後自己的人物側寫時，要參考的不只是自己出生時的星座，還要加上你現在具備的星座能量。

與生俱來的能量，基本上是由本命盤（Natal chart）決定的。

但是，出生之後隨著時間經過，人會不斷成長，星座命盤也會跟著微幅移動。

過了三、四十年後，你本身的太陽星座也會移動，身上逐漸帶有下一個星座的能量。

這是一種稱為「推運（progress）占星術」的概念，progress直譯過來就是「演變、前進」的意思。

以出生時的本命盤為基礎，循著規則推進星座命盤，就可以判斷出一個人的狀況變化和動向，對於預測未來很有幫助。

「推運占星術」基本上是採用「一日一年法」這個規則。

顧名思義，這個規則是將本命盤上的「一天」對應到現實時間的「一年」。由於一個星座有三十度，所以太陽星座大約一年會移動一次。

容我省略詳細的說明，總而言之，**當我們出生過了三十年後，原本的星座能量就會加入下一個星座的能量，變成橫跨兩個星座的狀態。**

假設你是十二月三日出生的射手座，而射手座起始的日子十一月二十三日為一度，十二月三日就是十一度射手座。

再假設你今年滿四十歲，從十一度射手座往前推進四十度，就會抵達下一個星座摩羯座的二十一度。因此，除了原本的射手座能量以外，下一個星座摩羯座的傾向也會融合進來。

射手座原本「會一頭栽進喜歡的事物」、「喜歡旅行」的傾向，在二十歲左右過後，就會開始具備「踏實做事」的摩羯座能量。

一般來說，這類型射手座的人，在長大成人後才會鎖定目標採取行動。

占星術和看生日的占卜，都只會看出生當時的星座。因此有些人在長大成人後，會覺得占卜結果愈來愈不符合自己的狀態。而生日較接近下一個星座的人，搞不好會覺得完全不準。

這類型的人去看自己出生時的太陽星座的下一個星座，可能會覺得比較準。而且，由於每個星座有三十度，所以隨著年紀增長，有可能看自己的下下一個星座會更準。

勾勒十年後的人物側寫時，請參考第二章中，自己星座的「下一個」星座其強項和傾向。

也請搭配年齡閱讀星座的頁面，了解該星座的特徵。此外，也可以閱讀我介紹的書，將之當作勾勒十年後人物側寫的提示。與該星座的能量共鳴，應該能夠浮現意想不到的點子，擴展自己的想像。

邂逅未來命運之書的訣竅，就是列出興奮清單

勾勒十年後人物側寫時，重點在於思考自己想成為什麼樣的人，想像出具體的畫面。如果覺得難以想像出未來的自己，請想想看有哪些事會讓自己感到「興奮」。**無關未來和將來，只要思考有什麼事會讓自己感到「興奮」、覺得想去做就好。**你擁有充分的金錢、知識、能力，以及支持你的夥伴。也有大把時間可以用來做你想做的事情。

若是處在這樣的狀況下，你會想做什麼呢？

- 想去度假勝地
- 想去看電影
- 想打造良好的人際關係
- 想養成好習慣
- 想入住豪華飯店
- 想練肌肉，打造健康的身材
- 想在擁有高品質音響設備的空間聽音樂
- 想在優質的桌椅上工作

想到什麼就直接列出來。完成這份清單之後，**就去找找看感覺與那份「興奮感」相關的書籍。**

舉例來說，「想去度假勝地」的話，就去書店的旅遊區找書；「想去看電影」的話，就看看電影的原著書籍之類的。「興奮」的內容愈具體，邂逅「命運之書」的機率就愈高。

想預測未來，就要閱讀現在的暢銷書，搭上時代潮流

到目前為止，都在說要為了動盪的未來十年編寫「未來劇本」。

解讀過去、為將來做準備是很重要沒錯，然而最簡單的方法是**接觸搭上當時宇宙潮流的書，這將會成為開拓命運的關鍵**。

只要搭上時代潮流，運勢就會自然提升。

如此一來，未來也會自動拓展開來。

所以我非常推薦大家閱讀暢銷書。

暢銷書之所以會成為暢銷書，就是因為作者身上的能量與現在這個時代的能量非常合拍，兩者產生了共鳴。

暢銷書具備能夠吸引許多人的能量，暢銷的現象就是最有力的證據。此外，暢銷書還可以用來驗證自己的假設和直覺。

有時候我們會從讀過的書中獲得刺激而改變行動，或是採取新的行動，對吧？

如果那是從暢銷書中獲得靈感而採取的行動，也許會幫助你搭上時代潮流，帶著你抵達超乎想像的地方。

如果能夠看準時代潮流，將來也有可能引發奇蹟。

放眼未來三個半月到半年的人會獲得成功

每一年的「大河劇」主題也能夠表現當下的時代潮流。

每年書店都會陳列很多與當年大河劇相關的書籍。

在書店的大河劇區域，除了有能夠增加觀劇樂趣的導覽書以外，在《鎌倉殿的13人》播放期間，還擺了許多關於開創鎌倉幕府的源賴朝以及北條氏職權政治的歷史書籍。

這些書也和暢銷書一樣，呈現出了當下的時代潮流。

順帶一提，《鎌倉殿的13人》的核心主題是世代交替、事業繼承。

在這齣劇播出期間的二〇二二上半年，**星座配置也剛好暗示了世代交替與組織崩壞的危險性**。另外，此時也是「大家容易發表意見」的時期。

因此，我諮商客戶的企業也經常收到員工的投訴。

當時我的應對方式是去關心他們，詢問：「您是如何應對投訴的？」、「現在正是迎來世代交替潮流的時間點，您還好嗎？」

直覺敏銳的老闆此時已經冷靜應對公司內部的投訴，平息了風波。另外，也有其他的客戶老闆正好在準備世代交替。

能帶領公司成長的老闆果然都給人一種懂得審時度勢、走得比時代前面一點的印象。

但是走得太前面也不行，放眼未來三個半月到半年這段期間的人才會獲得成功。

順帶一提，二〇二三年的大河劇是描寫德川家康一生的《怎麼辦家康》。由於德川家康是為維繫了兩百六十多年的江戶幕府奠定基礎的人物，所以給人一種「打基礎」的印象。

不可思議的是，別稱幸運星的木星進入十二年循環的起始星座——牡羊座之後，接著就**在二〇二三年五月十七日進入「打基礎」的金牛座**。

二〇二二年和二〇二三年為下一個全新的十二年拉開了帷幕。怎麼度過這段時間，決定了你未來十二年的命運。

就我的解讀來看，我們在二〇二三年需要做的事，就是想像自己要如何度過接下來的十二年。也就是為下一個新循環「打基礎」。

為了搭上時代潮流，獲取領先時代的資訊，除了多看看暢銷書的書名以外，還可以觀察電視劇的傾向或雜誌封面的時事主題。

不要被潮流吞噬，而是要搭上潮流。

只要有意識地去做，吸收的資訊就會增加，面對現實的方法也會有所改變。

「搭上時代潮流」也有助於搭上運氣的潮流。

運氣是一種機緣。

書也會隨著緣分來到你身邊。

因為與書的相遇，運勢會提升，命運也會改變。拿起那本令你感到顫慄的書，在心裡想好「願望」後快速翻過整本書頁，再隨機打開一頁。然後以第一個映入眼簾的詞語或鋸子為基礎，試著付諸實行。如此一來，命運就會改變。

書本會為我們打造信念，改變我們的想法。

在閱讀的過程中，說出口的話就會改變，行動也會改變。

只要行動改變，人格就會改變，命運也跟著改變。

「命運之書」其實就在你的身邊。

EPILOGUE

有星星和書籍相伴的人生

為了積極向上地生活而讀書

在日復一日的日常生活當中，有時候會遇到討厭的事、傷心的事、不想面對的事。

有時候，我們會因為想逃避現實而讀書。

但是，在那個時候陪伴你的書，並不是用來讓你忘記現實的東西，它會成為幫助你向前看，邁出腳步，繼續生活下去的養分。

而**不管讀了幾遍都會落淚，不管讀了幾遍都會感到興奮不已，不管讀了幾遍都會心情變好**的書，就是你的「命運之書」。

遇到命運之書後，再加上行星的幫助，人生的齒輪就會轉動起來。

與太陽的自我展現，月亮的感情，水星的知性，火星的行動，金星的美與戀愛，木星的擴大與成長的能量互相呼應，在背後推我們一把。

書本具有能打開人類深層心理與宇宙之間通道的機制。就算只是帶著抽籤的心情，隨機翻開手上書本的其中一頁，我們的大腦和心臟也會受到影響，就像電磁波、音波和光線閃爍的組合一樣。書本簡直就像控制人類這個機器人的遙控器。

在天體位置的頻率加上書籍頻率的影響下，我們的行動會改變，現實也會發生變化。從過去那種日常生活，變成完全不同的日常生活。

也許在各種機緣和時機開始契合，人生逐漸改變的時候，你才會發現**「原來那本書就是命運之書」**。

有可能你已經遇見那本書了，也有可能你將來才會遇見那本書。

無論如何，那本書就在你身邊唾手可及之處，這一點是無庸置疑的。

星星與書籍隨時都在我們身邊

各位還記得，我在Prologue說過「書本裡寄宿著神明」嗎？
我在大學時期讀到的一首詩，讓我心中油然產生這種感覺。

有天晚上，我做了一個夢。
夢到我與上帝一起走在沙灘上。
生命中的許多場景浮現在夜空中。
我注意到，每一幕畫面出現的時候，沙灘上都留下了兩行腳印。
一個是我的，另一個是上帝的。
當我看見人生中的最後一幕時，
我回頭看沙灘上的腳印，

發現這一路上有好幾次只剩下一行腳印，
而且都是在我人生中的最低潮、最悲傷的時候。
這讓我感到困惑，
於是我問上帝：
「主啊！ 祢不是答應過我，
如果我下定決心追隨祢，
祢就會一路與我同行嗎？
可是在我生命中最艱苦的時刻，
沙灘上都只有一行腳印。
我不能理解，為什麼在我最需要祢的時候，
祢卻棄我而去呢？」
上帝小聲地說：
「我親愛的孩子，我愛妳，

我永遠不會離妳而去，
更何況是在妳面臨考驗與試煉的時候。
妳只看見一行腳印，
是因為當時我揹著妳前行。」

這首詩是瑪格麗特・菲什貝克・鮑爾斯（Margaret Fishback Powers）所寫的〈腳印（Footprints）〉。

這首詩所描寫的上帝與作者的關係，簡直就是書本與我的關係。同時我也感覺是行星與我的關係。

感到痛苦、悲傷的時候，我們有時候會覺得自己被全世界拋棄，陷入絕望的情緒。

但是**星星與書隨時都在我們身邊，為我們準備好能幫上我們的話語，以及讓我們得到幸福的提示。**

只要我們去尋求，星星與書就會給予我們訊息。

只要留意到自己身邊的東西即可。

隨著你不斷尋求，就會逐漸接收到那些訊息。

剛開始也許會得到含糊籠統、難以理解的訊息。但是，隨著你不斷嘗試接收，訊息的純度就會愈來愈高。

當純度提高，就能更快、更深入地理解自己接收到的訊息。如此一來，運氣會跟著提升，機運也會變得更好，人生往更好的方向加速前進。

希望你能獲得星星與書籍的庇佑

你會拿起這本書，也一個訊息，一個點。

人生是由我們邂逅的無數個點所形成的。

為了將這個點延續下去，請將「星座書籍占卜」運用在人生當中。祝各位從今以後也能與星星和書本一起過上幸福的人生。

最後，我要向負責編輯這本書的金子尚美總編表達謝意。

此外，也衷心感謝在我執筆期間提供幫助的江角悠子小姐、鈴木彰先生、栗原維摩先生、線上沙龍的夥伴們、祕密手帳社群的成員、Suppys宮殿的各位。

還有，感謝在眾多書籍之中選擇了這本書的你。

將沒有書的日常，變成有書的日常。

將沒有星座的日常，變成有星座的日常。

願所有拿起這本書的人，都能獲得書籍和星座的庇佑。

星尾夜見

『あしあと』(マーガレット・F・パワーズ 著、松代恵美 翻訳／太平洋放送協会)

『ビジョナリー・カンパニー』(ジム・コリンズ、ジェリー・ポラス 著、山岡洋一 翻訳／日経BP)
『ゼロ・トゥ・ワン』(ピーター・ティール、ブレイク・マスターズ 著、関美和 翻訳／NHK出版)
『スーパーインテリジェンス』(ニック・ボストロム 著、倉骨彰 翻訳／日本経済新聞出版社)
『一流デザイナーになるまで』(クリスチャン・ディオール 著、上田安子、穴山昂子 翻訳／牧歌舎)
『仮面ライダー 石ノ森章太郎デジタル大全』全3巻(石ノ森章太郎 著／講談社)
『サイボーグ009 石ノ森章太郎デジタル大全』全27巻(石ノ森章太郎 著／講談社)
『【愛蔵版】新世紀エヴァンゲリオン』全7巻(貞本義行 著、カラー 原作／KADOKAWA)
『ファイブスター物語』17巻－(永野護 著／KADOKAWA)
『ヤマタイカ』全5巻(星野之宣 著／潮出版社)
『小説　君の名は。』(新海誠 著／KADOKAWA)
『小説　天気の子』(新海誠 著／KADOKAWA)
『ブッダ』全12巻(手塚治虫 著／潮出版社)
『月の影 影の海(上) 十二国記 1』(小野不由美 著／新潮社)
『無職転生 異世界行ったら本気だす』(理不尽な孫の手 著／KADOKAWA)
『BECK』全34巻(ハロルド作石 著／講談社)
『NANA』21巻－(矢沢あい 著／集英社)
『かがみの孤城』(辻村深月 著／ポプラ社)
『[魂の目的]ソウルナビゲーション』(ダン・ミルマン 著、東川恭子 翻訳／徳間書店)
『銃夢Last Order NEW EDITION』全12巻(木城ゆきと 著／講談社)
『La MEGA boîte à outils du Digital en entreprise』(Catherine Lejealle 著／Dunod)
『DIGITAL MARKETING INSIGHT 2018』(Social Beat Digital Marketing Llp 著／Notion Press, Inc)
『きっと、よくなる！』(本田健 著／サンマーク出版)
『非常識な成功法則』(神田昌典 著／フォレスト出版)
『孔丘』(宮城谷昌光 著／文藝春秋)
『チンギス紀』16巻－(北方謙三 著／集英社)
『HUNTER×HUNTER』37巻－(冨樫義博 著／集英社)
『幽★遊★白書』全19巻(冨樫義博 著／集英社)
『夜と霧　新版』(ヴィクトール・E・フランクル 著、池田香代子 翻訳／みすず書房)
『「原因」と「結果」の法則』(ジェームズ・アレン 著、坂本貢一 翻訳／サンマーク出版)
『人を助けるとはどういうことか』(エドガー・H・シャイン 著、金井壽宏 監訳、金井真弓 翻訳／英治出版)
『謙虚なコンサルティング』(エドガー・H・シャイン 著、金井壽宏 監訳、野津智子 翻訳／英治出版)
『男は火星人 女は金星人』(ジョン・グレイ 著、遠藤由香里、倉田真木 翻訳／ソニー・マガジンズ)
『イヌが教えるお金持ちになるための知恵』(ボード・シェーファー 著、瀬野文教 翻訳／草思社)
『お金のシークレット』(デビッド・クルーガー 著、神田昌典 翻訳／三笠書房)
『お金のIQ　お金のEQ』(本田健 著／サンマーク出版)
『私の財産告白』(本多静六 著／実業之日本社)
『善の研究』(西田幾多郎著／岩波書店)
『嫌われる勇気』(岸見一郎、古賀史健 著／ダイヤモンド社)
『人生がときめく片づけの魔法』(近藤麻理恵 著／サンマーク出版)
『限りある時間の使い方』(オリバー・バークマン 著、高橋璃子 翻訳／かんき出版)

なみ》著／ディスカヴァー・トゥエンティワン）
『神崎恵のPrivate Beauty Book』（神崎恵 著／大和書房）
『運命の絵 もう逃れられない』（中野京子 著／文藝春秋）
『第三の波』（アルビン・トフラー 著、徳岡孝夫 翻訳／中央公論新社）
『富の未来』上下巻（アルビン・トフラー、ハイジ・トフラー 著、山岡洋一 翻訳／講談社）
『大局観』（羽生善治 著／ KADOKAWA）
『ザ・シークレット』（ロンダ・バーン 著、山川紘矢、山川亜希子、佐野美代子 翻訳／KADOKAWA）
『聖書』（日本聖書協会 著・監修・編集・翻訳／日本聖書協会）
『古事記』（倉野憲司 校注／岩波書店）
『聖なる予言』（ジェームズ・レッドフィールド 著、山川紘矢 、山川亜希子 翻訳／ KADOKAWA）
『22を超えてゆけ』（辻麻里子／ナチュラルスピリット）
『思考は現実化する』上下巻（ナポレオン・ヒル 著、田中孝顕 翻訳／きこ書房）
『火の鳥　手塚治虫文庫全集』全11巻（手塚治虫 著／講談社）
『ブラック・ジャック』全25巻（手塚治虫 著／秋田書店）
『ゴルゴ13』 207巻ー（さいとう・たかを 著／リイド社）
『犯人に告ぐ』（雫井脩介 著／双葉社）
『検察側の罪人』（雫井脩介 著／文藝春秋）
『30日で英語が話せるマルチリンガルメソッド』（新条正恵 著／かんき出版）
『14歳からの哲学』（池田晶子 著／トランスビュー）
『増補改訂　アースダイバー』（中沢新一 著／講談社）
『るるぶ』（JTBパブリッシング 旅行ガイドブック編集部／ JTBパブリッシング）
『じゃらん』（リクルート 編／リクルート）
『ことりっぷ』（昭文社 旅行ガイドブック編集部／昭文社）
『まっぷる』（昭文社 旅行ガイドブック編集部／昭文社）
『地球の歩き方』（地球の歩き方編集室／学研プラス）
『蒼穹の昴』全4巻（浅田次郎 著／講談社）
『夢をかなえるゾウ』（水野敬也 著／文響社）
『トム・ソーヤーの冒険』（マーク・トウェイン 著、柴田元幸 翻訳／新潮社）
『ドラえもん』全45巻（藤子・F・不二雄 著／小学館）
『賭博黙示録　カイジ』全13巻（福本伸行 著／講談社）
『岩田さん』（ほぼ日刊イトイ新聞 著／ほぼ日）
『小説　伊尹伝　天空の舟』上下巻（宮城谷昌光 著／文藝春秋）
『太公望』上中下巻（宮城谷昌光 著／文藝春秋）
『管仲』上下巻（宮城谷昌光 著／ KADOKAWA）
『晏子』全4巻（宮城谷昌光 著／新潮社）
『孟嘗君』全5巻（宮城谷昌光 著／講談社）
『論語』（金谷治 訳注／岩波書店）
『ONE PIECE』 105巻ー（尾田栄一郎 著／集英社）
『Happy!』全23巻（浦沢直樹 著／小学館）
『20世紀少年』全22巻（浦沢直樹 著／小学館）
『文章読本』（三島由紀夫 著／中央公論新社）
『夢を見るために毎朝僕は目覚めるのです』（村上春樹 著／文藝春秋）
『生き方』（稲盛和夫 著／サンマーク出版）

『人を動かす』（デール・カーネギー 著、山口博 翻訳／創元社）
『あなたの会社が90日で儲かる』（神田昌典 著／フォレスト出版）
『成功者の告白』（神田昌典 著／講談社）
『売れるコピーライティング単語帖』（神田昌典、衣田順一 著／ SBクリエイティブ ）
『アキラとあきら』（池井戸潤 著／集英社）
『名探偵コナン』 103巻－（青山剛昌 著／小学館）
『サンクチュアリ』全12巻（池上遼一 作画、史村翔 原作／小学館）
『ジョジョの奇妙な冒険』全6巻（荒木飛呂彦 著／集英社）
『新装版　話を聞かない男、地図が読めない女』（アラン・ピーズ、バーバラ・ピーズ 著、藤井 留美 翻訳／主婦の友社）
『ベスト・パートナーになるために』（ジョン・グレイ 著、大島渚 翻訳／三笠書房）
『傷つくならば、それは「愛」ではない』（チャック・スペザーノ 著、大空夢湧子 翻訳／ヴォイス）
『毎日の暮らしが輝く52の習慣』（ブレット・ブルーメンソール 著、手嶋由美子 翻訳／ディスカヴァー・トゥエンティワン）
『ローマ人の物語』全43巻（塩野七生 著／新潮社）
『美しき愚かものたちのタブロー』（原田マハ 著／文藝春秋）
『金田一少年の事件簿』全34巻（天樹征丸 原作、さとうふみや 著／講談社）
『探偵学園Q』全23巻（天樹征丸 原作、さとうふみや 著／講談社）
『サイコメトラー EIJI』全25巻（安童夕馬 原作、朝基まさし 著／講談社）
『BLOODY MONDAY』全11巻（恵広史、龍門諒 著／講談社）
『神の雫』全44巻（亜樹直 原作、オキモト・シュウ 著／講談社）
『最難関のリーダーシップ』（ロナルド・A・ハイフェッツ 、マーティ・リンスキー、アレクサンダー・グラショウ 著、水上雅人 翻訳／英治出版）
『歴史劇画　大宰相』全10巻（さいとう・たかを 著、戸川猪佐武 原作／講談社）
『貞観政要　全訳注』（呉兢 編集、石見清裕 翻訳／講談社）
『スティーブ・ジョブズ 驚異のプレゼン』（カーマイン・ガロ 著、井口耕二 翻訳／日経BP）
『ハリー・ポッターと賢者の石』（J. K. ローリング 著、松岡佑子 翻訳／静山社）
『梟の城』（司馬遼太郎 著／新潮社）
『国盗り物語』全4巻（司馬遼太郎 著／新潮社）
『竜馬がゆく』全8巻（司馬遼太郎 著／文藝春秋）
『坂の上の雲』全8巻（司馬遼太郎 著／文藝春秋）
『ビジネスモデル・ジェネレーション』（アレックス・オスターワルダー、イヴ・ピニュール 著、小山龍介 翻訳／翔泳社）
『LEAN IN（リーン・イン）』（シェリル・サンドバーグ 著、村井章子 翻訳／日経BP）
『完訳　7つの習慣』（スティーブン・R・コヴィー 著、フランクリン・コヴィー・ジャパン 翻訳／キングベアー出版）
『みみずくは黄昏に飛びたつ』（川上未映子、村上春樹 著／新潮社）
『夏物語』（川上未映子 著／文藝春秋）
『私の消滅』（中村文則 著／文藝春秋）
『教団X』（中村文則 著／集英社）
『プライド』全12巻（一条ゆかり 著／集英社）
『ハチミツとクローバー』全10巻（羽海野チカ 著／白泉社）
『3月のライオン』 16巻－（羽海野チカ 著／白泉社）
『「いつでもおしゃれ」を実現できる幸せなクローゼットの育て方』（ミランダかあちゃん《輪湖も

参考文獻＆本書介紹的書籍

『西洋占星術の完全独習』(ルネ・ヴァアン・ダール研究所／日本文芸社)
『西洋占星術 完全バイブル』(キャロル・テイラー 著、鏡リュウジ 監修、榎木鳰 翻訳／グラフィック社)
『占星術完全ガイド』(ケヴィン・バーク 著、伊泉龍一 翻訳／フォーテュナ)
『占星術と神々の物語』(アリエル・ガットマン、ケネス・ジョンソン 著、伊泉龍一、nico 翻訳／フォーテュナ)
『The Sabian Symbols in Astrology』(Marc Edmund Jones 著／ Aurora Press)
『The Sabian Symbols & Astrological Analysis』(Blain Bovee 著／ Llewellyn Publications)
『プラネタリー・サイクル』(アンドレ・バルボー 著、辻一花、兼松香魚子 翻訳／太玄社)
『星座でわかる運命事典』(鏡リュウジ 著／ソニー・マガジンズ)
『石井ゆかりの星占い教室のノート』(石井ゆかり 著／実業之日本社)
『星使いノート』(海部舞 著／ SB クリエイティブ)
『ものの見方が変わるシン・読書術』(渡邊康弘 著／サンマーク出版)

＊

『SLAM DUNK』全31巻(井上雄彦 著／集英社)
『バガボンド』全37巻(井上雄彦 著、吉川英治 原作／講談社)
『陰陽師』全13巻(岡野玲子 著、夢枕獏 原作／白泉社)
『夢をつかむイチロー２６２のメッセージ』(「夢をつかむイチロー 262のメッセージ」編集委員会 著、イチロー 監修／ぴあ)
『ザ・ボディ・ブック』(キャメロン・ディアス 著、高橋璃子、花塚恵、弓場隆 翻訳／ SB クリエイティブ)
『チームが機能するとはどういうことか』(エイミー・C・エドモンドソン 著、野津智子 翻訳／英治出版)
『DRAGON BALL』全42巻(鳥山明 著／集英社)
『働きマン』全４巻(安野モヨコ 著／講談社)
『AKIRA』全６巻(大友克洋 著／講談社)
『グラップラー刃牙』全42巻(板垣恵介 著／秋田書店)
『千の顔をもつ英雄』上下巻(ジョーゼフ・キャンベル 著、倉田真木、斎藤静代、関根光宏 翻訳／早川書房)
『１万円起業』(クリス・ギレボー 著、本田直之 翻訳／飛鳥新社)
『ゴ・エ・ミヨ2023』(ゴ・エ・ミヨ ジャポン編集部／幻冬舎)
『ミシュランガイド東京 2023』(日本ミシュランタイヤ)
『東京カレンダー』(東京カレンダー編集部／東京カレンダー)
『dancyu』(dancyu編集部／プレジデント社)
『マネーという名の犬』(ボード・シェーファー 著、村上世彰 監修、田中順子 翻訳／飛鳥新社)
『賢明なる投資家』(ベンジャミン・グレアム 著、土光篤洋 監修、増沢和美、新美美葉 翻訳／パンローリング)
『銀の匙 Silver Spoon』全15巻(荒川弘 著／小学館)
『日日是好日』(森下典子 著／新潮社)
『推し、燃ゆ』(宇佐見りん 著／河出書房新社)
『運転者』(喜多川泰 著／ディスカヴァー・トゥエンティワン)
『伝説のコピーライティング実践バイブル』(ロバート・コリアー 著、神田昌典 監訳、齋藤慎子 翻訳／ダイヤモンド社)

PROFILE

星尾 夜見
Yomi Hoshio

星座與書的專家。
1984年生，來自橫濱市。天蠍座。畢業於青山學院大學。
在祖母的教導之下，從4歲就開始學習以占星術為中心的各種神祕學。小時候對肉眼看不見的東西和能量相當敏感，曾有過不可思議的體驗，也曾和守護靈對話。
後來以大學考試為契機，一度遠離占星術和神祕學，而那時候在書店遇到「命運之書」，於是養成了讀書的習慣。一年會讀超過3000本書，因此具備從經濟、企業管理到歷史，以及古神道、神道教、道教、儒教、基督教等廣博的知識。
精通速讀與廣泛閱讀的各種技巧，在實踐的過程中，再次喚醒了小時候擁有的第六感，開始能感覺到書的能量，開發出透過書籍能量找到「命運之書」的「星座書籍占卜」。
目前作為結合占星術與讀書的商業顧問展開活動，同時也會在社群平台上發布占星解讀和未來預測等內容。

星読み-STAR READING　https://www.starreading.jp/

下列網站會發布「新月、滿月月曆」和水星、金星等行星的「行星逆行資訊」。請搭配本書一同參考。

https://www.starreading.jp/2023

星座書籍占卜

找尋屬於你的「命運之書」

出　　版／楓樹林出版事業有限公司
地　　址／新北市板橋區信義路163巷3號10樓
郵政劃撥／19907596 楓書坊文化出版社
網　　址／www.maplebook.com.tw
電　　話／02-2957-6096
傳　　真／02-2957-6435
作　　者／星尾夜見
翻　　譯／王綺
責任編輯／吳婕妤
內文排版／洪浩剛
港澳經銷／泛華發行代理有限公司
定　　價／400元
出版日期／2024年10月

國家圖書館出版品預行編目資料

星座書籍占卜：找尋屬於你的「命運之書」／星尾夜見作；王綺譯. -- 初版. -- 新北市：楓樹林出版事業有限公司, 2024.10　面；　公分

ISBN 978626-7499-34-4（平裝）

1. 占星術

292.22　　113012949